Le Parlement du Canada vu de l'intérieur

Avant-propos

Voici le Parlement. Ses murs et ses salles sont les témoins d'une grande activité. Ceux et celles qui représentent les citoyens et les citoyennes du Canada s'y réunissent pour délibérer, discuter, réfléchir, et prendre des décisions sur les politiques, les lois et les finances du pays, conformément aux vœux et aux intérêts de la population.

Pour que le Parlement fonctionne bien, il est important que le peuple canadien en comprenne le fonctionnement. En tant que démocratie, le Canada se porte bien lorsque les Canadiennes et les Canadiens sont actifs et bien informés.

Le Parlement du Canada vu de l'intérieur vous ouvre toutes grandes les portes du Parlement — vous emmène dans les coulisses, corridors et couloirs — pour vous montrer comment les choses se passent au Parlement.

Nous sommes heureux, à titre de président du Sénat et président de la Chambre des communes, de vous donner l'occasion de voir de plus près comment le Parlement canadien fonctionne, afin de vous faire partager notre attachement et notre passion.

Au nom de tous ceux et celles qui travaillent pour vous au Parlement; nous vous souhaitons la bienvenue.

Le président de la Chambre des communes,

Peter Milliken, député

Le président du Sénat,

Daniel Hays, sénateur

Le Parlement du Canada vu de l'intérieur

Table des matières

Préface

Introduction 1

I *Les fondements de notre régime* 3

II *Les institutions* 9

III *À l'œuvre* 21

IV *Le maintien des traditions* 31

Le Parlement du Canada vu de l'intérieur

Préface

Un jeune Canadien qui dépose son bulletin de vote, une sénatrice qui fait l'étude article par article d'un projet de loi, un député qui rencontre ses électeurs, des ministres qui défendent les politiques de leur ministère lors d'une réunion du caucus du parti, les membres d'un groupe d'intérêts qui présentent leur cause à un comité parlementaire, voilà quelques exemples des nombreuses personnes qui contribuent à faire fonctionner le Parlement du Canada.

Et il fonctionne! Par un amalgame complexe qui allie traditions et réflexion orientée vers l'avenir, usages consacrés par le temps et conjoncture sociale et économique en mutation, les Canadiennes et les Canadiens ont bâti un régime parlementaire dont ils peuvent être fiers. C'est le patrimoine que nous laissent plus d'une centaine d'années d'adaptation et d'amélioration au cours desquelles a été retenu ce que l'ancien et le nouveau avaient de mieux à offrir.

Les représentants de la population au Parlement — les sénateurs et les députés — sont fiers d'appartenir à cette grande institution. Par des débats et discussions, par un travail de réflexion, ils préservent notre régime démocratique, veillant à ce que les lois et la gestion des finances publiques traduisent bien la volonté de la population. Ils font œuvre utile.

« Dans l'ombre », de nombreuses personnes fournissent aux parlementaires des services essentiels pour les aider à accomplir leur travail. Elles font des recherches sur les lois, les politiques, les règles et procédures parlementaires, elles coordonnent les travaux des comités parlementaires, préparent et diffusent l'information dont les parlementaires ont besoin pour mener leurs débats et prendre des décisions, elles font en sorte que le public puisse se renseigner sur l'histoire et les traditions du Parlement. Même s'il se fait dans l'ombre, leur travail est important.

La démocratie fonctionne au mieux lorsque les citoyens participent aux travaux du gouvernement et en connaissent les rouages. Mais une grande partie de ce que font les parlementaires et le détail de leur travail ne sont pas toujours compris. Il est important que les Chambres du Parlement soient ouvertes et accessibles si l'on veut que les citoyens canadiens, et des gens d'ailleurs, puissent voir comment s'exerce le pouvoir de légiférer et l'endroit où se façonne l'avenir du Canada. Le texte qui suit explique comment le Parlement du Canada fonctionne, qui sont les parlementaires canadiens et comment ils font leur travail.

Introduction

Le Parlement du Canada vu de l'intérieur est un document d'introduction au fonctionnement du Parlement canadien qui a été commandé par le Sénat, la Chambre des communes et la Bibliothèque du Parlement, pour faire connaître le régime canadien à ceux qui s'y intéressent — grand public, enseignants, gens d'affaires, parlementaires canadiens et étrangers. Il a pour but de présenter les éléments principaux du Parlement, afin de permettre d'en saisir l'esprit, et d'expliquer aux lecteurs comment et par qui s'effectue le travail au Parlement.

Le chapitre I, *Les fondements de notre régime*, qui comprend l'histoire, les réalités géographiques et la diversité sociale qui ont aidé à modeler le Parlement, donne un aperçu du régime parlementaire canadien. Il présente les trois piliers du Parlement : la représentativité, la responsabilité et la transparence.

Le chapitre II, *Les institutions*, propose au lecteur une vue d'ensemble des trois institutions parlementaires : la Couronne, le Sénat et la Chambre des communes. Le rôle du premier ministre et celui du Cabinet y sont également abordés, tout comme le contexte plus large du Parlement, y compris sa relation avec les ministères et les tribunaux, et le soutien fourni par l'administration et les organismes d'information et de recherche du Parlement.

Le chapitre III, *À l'œuvre*, porte sur les activités quotidiennes des parlementaires et les nombreux rôles qu'ils assument : représentants de leurs électeurs ou de groupes d'intérêts, législateurs, enquêteurs et surveillants des actions du gouvernement. Un survol du processus législatif montre comment les lois sont adoptées et fait voir le rôle que joue, dans l'ombre, le personnel administratif et professionnel — au Sénat, aux Communes et à la Bibliothèque du Parlement. C'est ainsi que le personnel contribue aux activités quotidiennes du Parlement.

Le chapitre IV, *Le maintien des traditions*, fait ressortir le délicat équilibre qui existe entre les traditions parlementaires et les pratiques modernes, et le caractère évolutif et « vivant » du régime canadien. Le Parlement baigne dans les traditions et l'histoire, il est vrai, mais il est aussi capable d'adaptation et de souplesse, pour refléter les valeurs nouvelles des citoyens, ainsi que le climat social et économique du pays.

Le glossaire des termes employés dans le présent document, ainsi que d'autres documents sur le Parlement, sont disponibles à l'adresse Internet http://www.parl.gc.ca.

Les fondements de notre régime

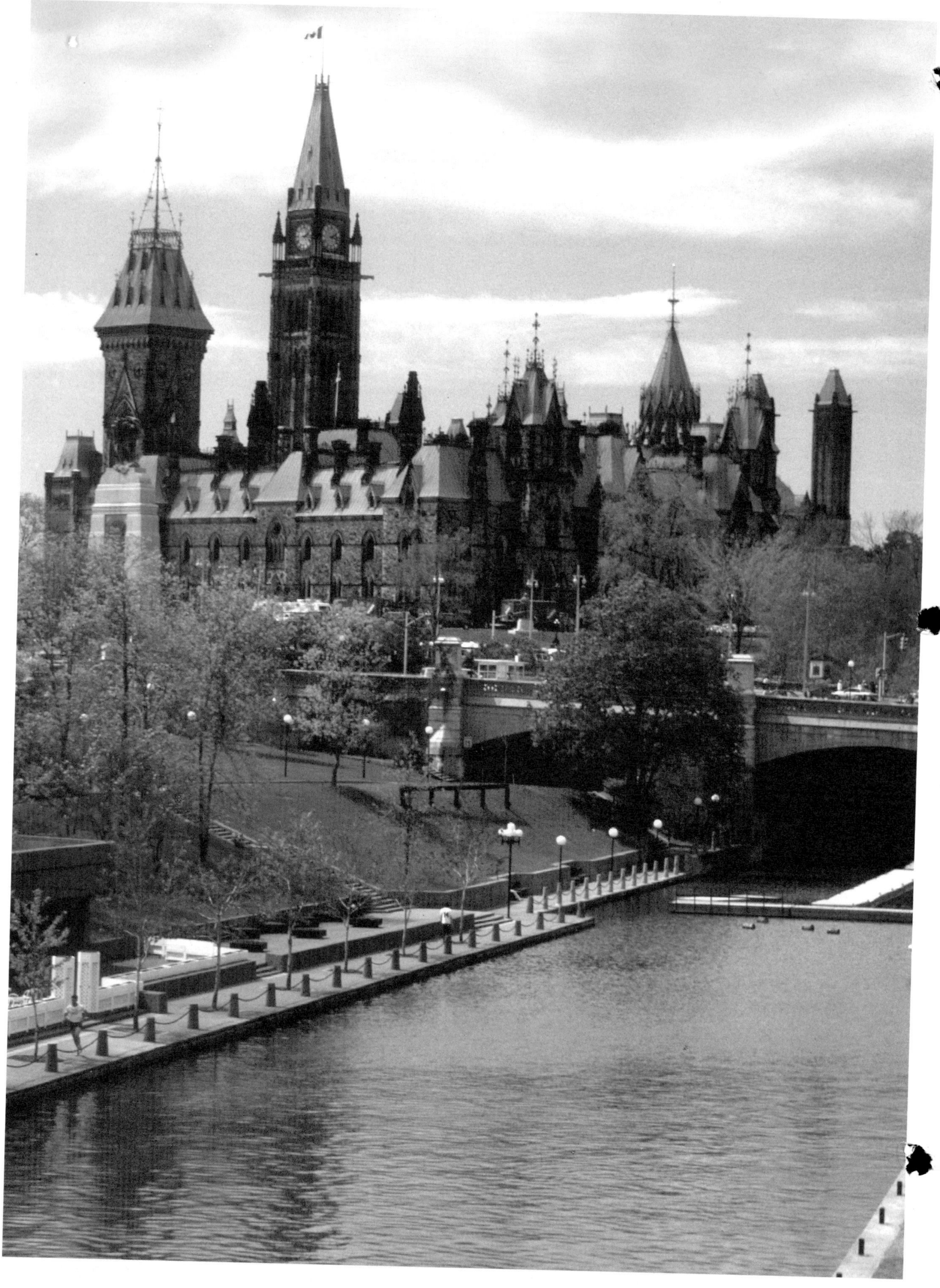

Le Parlement du Canada vu de l'intérieur

La discussion est au cœur même de tout régime démocratique. Chaque jour, écouter et exprimer des points de vue, se débattre avec des problèmes, s'entendre sur les mesures à prendre, mettre en commun ses idées et ses rêves — pour ensuite élaborer des lois, des politiques et des programmes qui donnent forme à une vision nationale.

Le Parlement est un lieu d'échanges et de débat. On le voit à la période des questions : les ministres doivent rendre compte de leurs décisions et de leurs politiques. C'est aussi le cas dans les réunions des caucus, lorsque les membres d'un parti défendent leurs positions dans des dossiers qui influeront sur l'avenir du pays. Il en est de même lorsque des représentants de l'industrie, des syndicats ou des groupes d'intérêts commentent les politiques du gouvernement. De tels débats constituent la base même de la démocratie.

Un arbre aux racines solides

Comme toute institution, le Parlement a sa propre histoire. Lorsque le Dominion du Canada a été proclamé le 1er juillet 1867, les diverses régions du pays avaient déjà derrière elles une riche histoire nourrie par leurs propres traditions. Même avant les conférences de Charlottetown et de Québec où, en 1864, les résolutions qui devaient constituer les fondements de la confédération ont été élaborées, les gens établis dans ce qui est aujourd'hui le Canada avaient déjà contribué à l'implantation graduelle d'une démocratie parlementaire. Entre 1758 et 1863, les colonies qui allaient devenir des provinces canadiennes — Nouvelle-Écosse, Île-du-Prince-Édouard, Nouveau-Brunswick, Ontario, Québec, Terre-Neuve et Colombie-Britannique — se sont toutes dotées d'assemblées élues qui permettaient à la population de chaque province de s'exprimer par l'entremise de ses représentants. C'est à partir de 1848 que les colonies ont adopté progressivement un « gouvernement responsable » — les assemblées ont depuis le pouvoir de faire ou de défaire les gouvernements, et ceux-ci doivent rendre compte de leurs actes et de leurs décisions à l'ensemble de l'assemblée élue.

Dès 1864, de nombreux habitants des colonies britanniques d'Amérique du Nord entamaient le débat des avantages de l'union. Ensemble, les colonies pourraient faire beaucoup plus que chacune séparément — mettre en commun leurs ressources pour faire face aux défis géographiques du pays et collaborer pour se protéger de la domination économique et militaire des États-Unis. Leur solution, la Confédération, était conçue pour respecter les profondes différences en termes d'intérêts économiques, de langue, de religion, de droit et d'éducation qui existaient entre les régions réunies en 1867. La Confédération a mis en place les accords constitutionnels et le Parlement tels que nous les connaissons.

Le régime canadien est une fédération. Les pouvoirs législatifs et exécutifs sont répartis entre le gouvernement fédéral, chargé des questions intéressant l'ensemble de la population, et les assemblées provinciales, chargées de questions d'intérêt régional. C'est à Ottawa que se trouvent le Parlement fédéral et le gouvernement national.

Un modèle britannique, une constitution canadienne

Les racines du Parlement du Canada remontent à plus de 800 ans, aux fondements de la tradition parlementaire britannique. Mais la Constitution canadienne — qui définit les règles et les valeurs fondamentales de notre mode de gouvernement — nous est propre.

Le régime de gouvernement canadien, tout comme le pays qu'il sert, a évolué avec le temps. De même, la Constitution canadienne se compose de plusieurs documents et de conventions non écrites, dont bon nombre ont été établies par la tradition parlementaire. De fait, la Constitution comprend 25 documents différents. Mais le texte-clé est la *Loi constitutionnelle de 1867*, appelée au départ l'*Acte de l'Amérique du Nord britannique*. Cette loi, avec les modifications qui y ont été apportées, établit les règles fondamentales du régime fédéral, par exemple les pouvoirs et les compétences du Parlement et des assemblées législatives provinciales. Elle crée le Parlement, qui se compose de la reine, d'un Sénat dont les membres sont nommés, et d'une Chambre des communes dont les membres sont élus. En 1867, la Constitution ne comportait pas de formule permettant sa modification par le Parlement canadien.

La *Loi constitutionnelle de 1982* a « rapatrié » la Constitution. Elle précise la procédure à suivre pour modifier la Constitution canadienne sans avoir à demander au Parlement britannique de légiférer. Elle stipule que toute modification à la Constitution canadienne est assujettie à une procédure de modification spéciale qui exige le consentement du Parlement et des assemblées des provinces. La *Loi constitutionnelle de 1982*, qui reconnaît la place spéciale des peuples autochtones du Canada au sein de la Confédération, comprend également la *Charte canadienne des droits et libertés*.

Par ailleurs, de nombreuses caractéristiques fondamentales du gouvernement canadien ne sont pas mentionnées dans la Constitution écrite. Cabinet, partis politiques, premier ministre, tous ces termes font partie de la langue courante, mais ils ne figurent dans aucun document officiel de la Constitution. Des éléments essentiels de notre gouvernement sont contenus dans d'autres lois, comme la *Loi sur le Parlement du Canada*, et font partie des usages et des traditions parlementaires.

Les assises du Parlement

Trois notions reviennent régulièrement dans l'histoire constitutionnelle du Canada, écrite ou non écrite. Ce sont la représentativité, la responsabilité et la transparence. Le respect de ces notions est une caractéristique de toute démocratie, mais l'expression qu'elles trouvent au Parlement canadien contribue à notre caractère distinctif. Ce sont ces « piliers » qui garantissent une considération raisonnée des enjeux intéressant les citoyens et qui favorisent une saine prise de décision.

Représentation des citoyens

Les deux Chambres du Parlement, le Sénat et les Communes, sont, chacune à leur façon, représentatives de la population. Tous les députés de la Chambre sont élus, choisis par les électeurs de leur circonscription, de leur milieu, pour les représenter à l'assemblée législative canadienne. Le Sénat, dont les membres sont nommés, assure une forme de représentation complémentaire de celle des Communes. Il représente non seulement les grandes régions du Canada, mais il défend souvent les intérêts des minorités. Tout citoyen peut également demander au Parlement de prendre des mesures particulières en présentant une pétition, qui est déposée par un sénateur ou un député.

Gouvernement responsable

L'expression « gouvernement responsable » signifie que le pouvoir exécutif — le premier ministre et le Cabinet — doit avoir l'appui de la majorité à la Chambre pour se maintenir au pouvoir. Dans la tradition britannique, le rejet d'un projet de loi d'une importance politique majeure, d'un projet de loi fiscal ou de finances est normalement considéré comme un « vote de censure », ce qui implique que le gouvernement a perdu la confiance de la Chambre. Étant donné la rigidité de la discipline de parti, qui décourage les députés de voter contre la politique de leur parti, il est peu probable que le gouvernement essuie une défaite aux Communes, à moins qu'il ne soit minoritaire ou ne s'aliène le soutien de ses propres députés.

Transparence

Comme en Grande-Bretagne, d'autres caractéristiques du Parlement font en sorte que les personnes au pouvoir rendent des comptes. Les ministres sont comptables au Parlement des activités et des programmes de leur ministère et doivent justifier leurs décisions devant les députés de l'opposition à la période des questions. De fait, les activités quotidiennes du Parlement et la dynamique inhérente au système canadien de partis politiques visent à garantir que le parti au pouvoir rendra compte de ses politiques, activités et programmes.

Discussion des enjeux

Le Parlement est un lieu de débat, permettant le libre échange et l'affrontement d'idées. Par l'examen et la discussion, les parlementaires font subir aux politiques du gouvernement une remise en question, une mise à l'épreuve, ce qui aide les parlementaires à trouver le meilleur plan d'action pour le Canada.

Le Parlement joue également un rôle de sensibilisation. Par la place qu'il occupe sur le devant de la scène, il peut saisir l'opinion canadienne des grands enjeux et donner ainsi aux citoyens les moyens de remplir leurs fonctions d'électeurs avertis.

Les institutions II

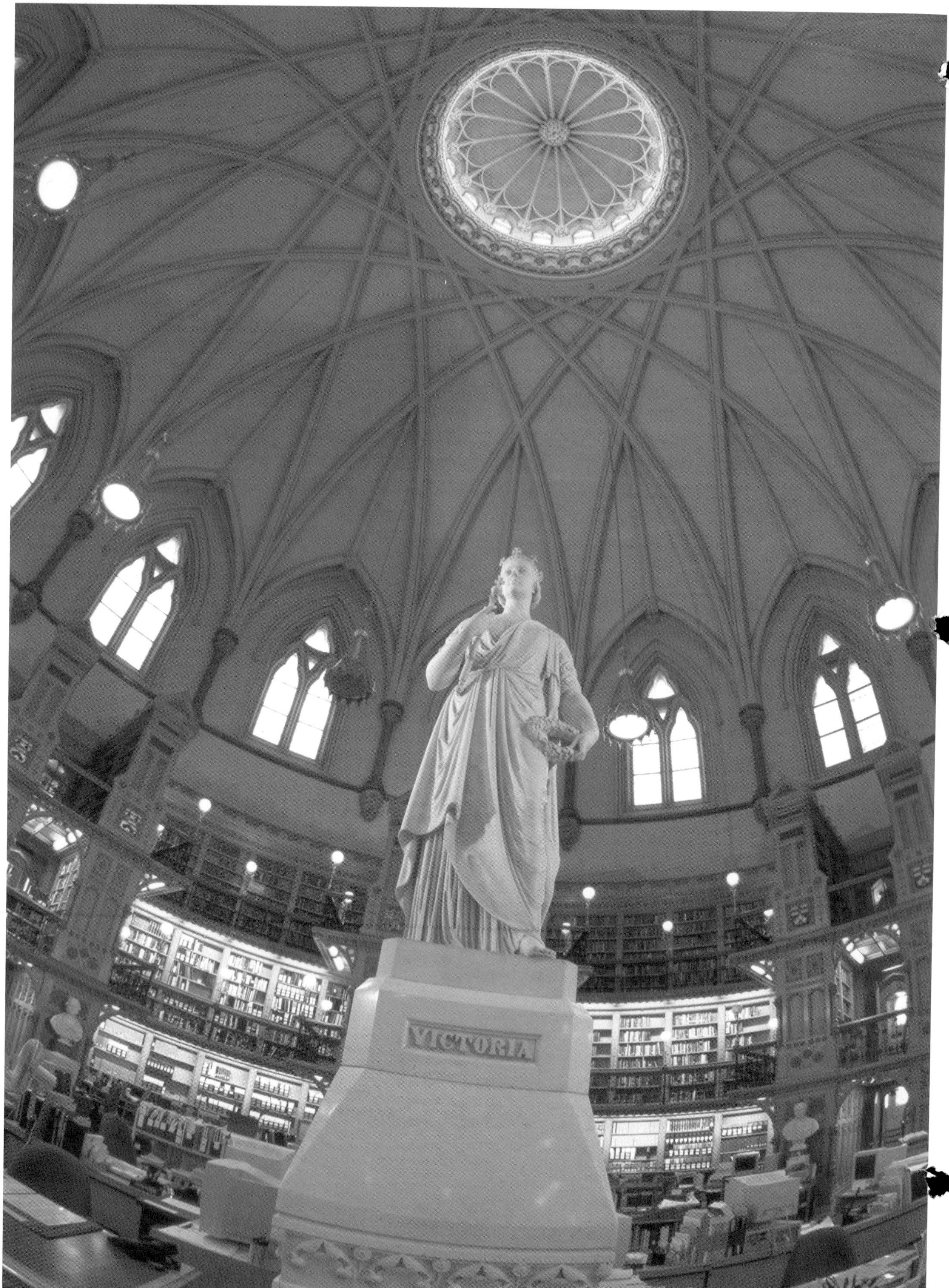
VICTORIA

Le Parlement du Canada vu de l'intérieur

« *Il y aura, pour le Canada, un parlement qui sera composé de la Reine, d'une chambre haute appelée le Sénat, et de la Chambre des Communes.* » *Par ces mots simples qui figurent dans la Loi constitutionnelle de 1867, les Pères de la Confédération se sont inspirés du modèle britannique, qui leur était le mieux connu, pour donner forme à l'assemblée législative du Canada.*

Les trois institutions du Parlement sont la reine, le Sénat et la Chambre des communes. Elles sont complémentaires dans leur composition et leurs fonctions.

« ... composé de la Reine ... »

La Constitution dispose que la reine, en sa qualité de souveraine du Canada, est investie du pouvoir exécutif (art. 9). Alors que le premier ministre exerce les pouvoirs de chef de gouvernement, les fonctions officielles de chef d'État sont remplies par une personne sans allégeance politique — la gouverneure générale — qui est nommée par la reine, sur la recommandation du premier ministre, pour représenter la souveraine.

Jouant le rôle de chef d'État, la gouverneure générale remplit les fonctions officielles sur l'avis du Cabinet. La présence de la Couronne au Canada est toujours évidente, notamment dans les pouvoirs constitutionnels de la gouverneure générale :

- le pouvoir exclusif de choisir le premier ministre du Canada. L'usage veut que la gouverneure générale choisisse le chef du parti qui a remporté la majorité des sièges à la Chambre des communes. Cependant, lorsque aucun parti n'est majoritaire, la gouverneure générale fera appel au chef de parti qui a les meilleures chances de conserver la confiance de la Chambre;

- le pouvoir de convoquer le Parlement, d'accorder la sanction royale à des projets de loi et de signer les documents officiels;

- le pouvoir de dissoudre le Parlement. L'usage veut qu'elle accepte la recommandation du premier ministre de tenir des élections avant l'expiration du mandat du gouvernement, qui est de cinq ans. Si, toutefois, le gouvernement est défait sur un vote de confiance, la gouverneure générale décide, sur l'avis du premier ministre et au mieux des intérêts du Canada, de convoquer des élections ou d'appeler l'opposition à former le gouvernement.

La gouverneure générale s'acquitte de nombreuses fonctions officielles également : rendre hommage aux citoyens canadiens qui ont fait des choses exceptionnelles, accueillir les délégations étrangères, représenter le Canada à l'étranger, tenir des réceptions officielles.

Le Parlement du Canada vu de l'intérieur

« ... d'une chambre haute appelée le Sénat ... »

Au cours des débats qui ont mené à la Confédération en 1867, sir John A. Macdonald — le premier à occuper le poste de premier ministre — a défini la mission principale du Sénat comme étant « de revoir calmement les mesures législatives venant de la Chambre basse et de faire obstacle à toute mesure précipitée ou mal conçue émanant de cette Chambre ». Il était également prévu que le Sénat veillerait à protéger les intérêts des régions, des provinces et des minorités. Voici un aperçu de la composition et des activités du Sénat.

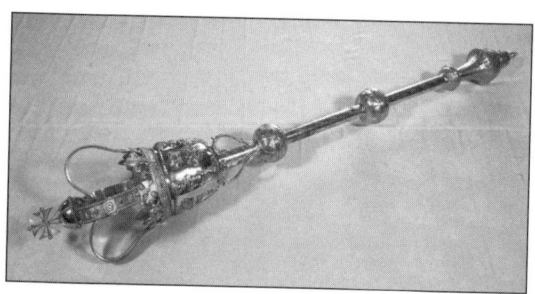

➤ Le Sénat compte 105 membres, de différents partis politiques ou indépendants, nommés par la gouverneure générale sur la recommandation du premier ministre.

➤ Les sièges au Sénat sont répartis de façon à donner à chacune des régions du pays une représentation égale. Plus de la moitié des sièges correspondent aux régions les moins peuplées du pays, ce qui est la contrepartie du principe de la représentation selon la population à la Chambre des communes.

➤ Les sénateurs doivent avoir 30 ans révolus, posséder des biens et habiter dans la région qu'ils représentent. Comme les juges, leur indépendance est protégée par le fait qu'ils peuvent rester en poste jusqu'à 75 ans.

➤ Les sénateurs participent aux débats du Sénat, étudient les projets de loi et prévisions budgétaires du gouvernement, mènent en comité des enquêtes sur des questions et des enjeux qui concernent la population, et discutent de politique et de stratégie aux réunions de leur parti.

➤ Le Sénat peut présenter des projets de loi, sauf s'ils concernent les ressources ou dépenses de l'État. Avant de devenir loi, le projet de loi doit être adopté aux Communes et au Sénat et recevoir la sanction royale.

12 Les institutions

« ... et de la Chambre des Communes. »

La Chambre des communes assure la représentation de la population au niveau national. Quelques caractéristiques importantes de la Chambre :

➤ La Chambre des communes compte 301 sièges, répartis entre les provinces à peu près en proportion de la population. Pour assurer une représentation minimale à chaque province, aucune ne peut avoir moins de députés qu'elle n'a de sénateurs.

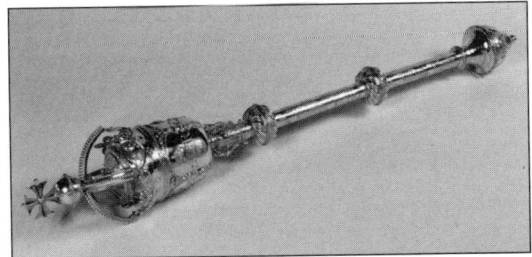

➤ Le gouvernement doit avoir l'appui et la confiance de la Chambre des communes pour se maintenir au pouvoir. S'il est défait sur un vote portant sur une mesure importante telle que le budget ou une initiative fiscale, ou sur un vote de confiance, une convention constitutionnelle veut que le gouvernement remette sa démission ou demande à la gouverneure générale de convoquer des élections générales. Cette convention découle du principe de la responsabilité gouvernementale, en vertu duquel le premier ministre et le Cabinet ne peuvent gouverner sans la confiance de la Chambre élue, ce qui les rend comptables, au bout du compte, à la population.

➤ Les Canadiens et Canadiennes élisent un député à la Chambre des communes pour représenter leur circonscription. Le candidat qui recueille le plus de voix obtient un siège à la Chambre pour la durée de la législature (un mandat d'au plus cinq ans). Le député peut ensuite poser de nouveau sa candidature.

➤ Divers partis politiques sont représentés aux Communes, bien qu'un député puisse n'être membre d'aucun parti organisé.

➤ La Chambre des communes se divise en deux groupes, le gouvernement et l'opposition. Tout député qui n'est pas affilié au parti qui gouverne fait partie de l'opposition.

➤ Les députés discutent des grandes questions de l'heure et contribuent à l'élaboration des lois fédérales en participant aux débats de la Chambre, en siégeant aux comités parlementaires qui enquêtent sur des questions de politique publique et examinent les projets de loi. Ils conservent des contacts étroits avec leurs électeurs et en discutant de politique et de stratégie avec leurs collègues aux réunions du caucus de leur parti.

➤ Pour devenir loi, tout projet de loi doit être adopté par la Chambre des communes et le Sénat.

Le rôle de l'opposition

Au Canada, le parti qui compte le plus grand nombre de représentants élus après le parti au pouvoir devient la loyale opposition de Sa Majesté. C'est ce parti qui prend l'initiative pour amener le gouvernement à rendre compte de ses politiques et de ses décisions. Le chef de ce parti devient le chef de l'opposition officielle; son siège se trouve directement en face du premier ministre. Le devoir de l'opposition officielle et des autres partis d'opposition est de « critiquer » les politiques du gouvernement, de proposer de les améliorer et d'offrir une solution de rechange au programme du gouvernement.

Les membres de l'opposition ont diverses occasions d'influencer la formulation des lois et politiques, notamment la période des questions quotidienne aux Communes. L'opposition a droit à 20 « journées d'opposition » ou « jours désignés » au cours de chaque année civile, où elle peut présenter une motion et critiquer le gouvernement sur les grandes questions de politique nationale. Les membres des partis d'opposition siègent également aux comités parlementaires, tant au Sénat qu'aux Communes.

Au Sénat, l'opposition joue souvent un rôle moins partisan. Le leader de l'opposition au Sénat dirige l'opposition dans les débats, coordonne les activités quotidiennes et confère avec le leader du gouvernement au Sénat au sujet de ses travaux. Le leader de l'opposition, comme le leader du gouvernement, est membre d'office de tous les comités permanents et aide à coordonner la stratégie du parti.

L'administration du Parlement

Les services administratifs du Sénat, de la Chambre des communes et de la Bibliothèque du Parlement assurent une large gamme de services aux parlementaires. Cela mobilise au Sénat 400 employés et à la Chambre 1 300 employés, qui travaillent « dans l'ombre », en quelque sorte. Ils fournissent des services juridiques ou de procédure (avis et soutien aux travaux législatifs et des comités), services techniques (sécurité, planification architecturale, entretien des bâtiments) et services administratifs (ressources humaines, communications, technologie de l'information, impressions, finances et gestion centrale).

L'administration du Sénat

Le Comité sénatorial permanent de la régie interne, des budgets et de l'administration veille sur les affaires internes du Sénat, notamment les questions administratives et financières. Composé de 15 sénateurs, comme le prescrit le *Règlement du Sénat*, le Comité siège régulièrement et ses séances sont normalement ouvertes au public. Toute demande de crédits budgétaires des comités est étudiée en séance publique. Des sous-comités sont occasionnellement mis sur pied pour étudier des questions particulières, comme les communications, les technologies d'information, les finances, le personnel, les locaux ou les installations.

L'administration de la Chambre des communes

La *Loi sur le Parlement du Canada* confie la gestion financière de la Chambre des communes au Bureau de régie interne. Composé de 11 députés, le Bureau est présidé par le président de la Chambre et compte des représentants du parti ministériel et de tous les partis d'opposition reconnus.

Le Parlement du Canada vu de l'intérieur

La Bibliothèque du Parlement

L'administration de la Bibliothèque du Parlement est confiée au bibliothécaire parlementaire, qui gère en conformité avec les décrets et règlements approuvés par les présidents des deux Chambres, assisté d'un comité mixte permanent de sénateurs et de députés. Créée à l'époque de la Confédération pour répondre aux besoins d'information du nouveau Parlement du Canada, la Bibliothèque fournit une gamme complète de services d'information, de documentation, de recherche et d'analyse, aux parlementaires, à leur personnel, aux comités, aux associations et délégations, ainsi qu'aux hauts fonctionnaires du Sénat et de la Chambre. On peut voir sur ses rayons plus de 600 000 documents — livres, périodiques, brochures et thèses. La Bibliothèque dispose aussi des « dernières » technologies de l'information et d'une collection de plus d'un million de documents (livres, périodiques, brochures et microformes), dont plus de 400 000 sont catalogués dans un système intégré. La Bibliothèque offre aussi toute une gamme de services de recherche, grâce à un effectif composé d'avocats, d'économistes, de scientifiques et de spécialistes du gouvernement et de la politique sociale. Tous ses services sont fournis sur une base strictement confidentielle et impartiale.

Les services de bibliothèque et de recherche sont réservés au Parlement et aux parlementaires, mais la Bibliothèque propose au public de nombreux produits et services visant à l'informer sur l'histoire, le rôle et les activités du Parlement. Elle produit des trousses d'information, des brochures et des fiches documentaires destinées au public, organise des visites guidées et des programmes pour les visiteurs des édifices du Parlement et propose des programmes et services d'éducation, comme le Forum des enseignantes et des enseignants sur la démocratie parlementaire canadienne.

16   Les institutions

Simple parlementaire

L'expression « simple parlementaire » désigne un membre du Sénat ou de la Chambre des communes faisant partie du parti ministériel ou de l'opposition, qui n'exerce pas de charge officielle ou de rôle de direction dans son parti. Ces sénateurs et ces députés parfois appelés « députés d'arrière-ban » à cause de l'endroit où ils siègent à la Chambre constituent la vaste majorité des parlementaires.

La plupart des questions débattues au Parlement émanent du gouvernement, mais les sénateurs ou députés ont la possibilité de soumettre des mesures de leur propre cru à l'examen de leur Chambre. Le simple parlementaire qui présente un projet de loi doit s'assurer qu'il n'entraîne pas la dépense de deniers publics, car seul un ministre de la Chambre des communes peut présenter une telle mesure.

À chaque jour de séance, les sénateurs ont diverses occasions de saisir l'ensemble du Sénat des questions qui les préoccupent. Avec un préavis d'un ou deux jours, tout sénateur peut lancer un débat ou faire une interpellation, qui ne fait pas l'objet d'un vote, demander la création d'un comité chargé d'étudier une question relevant de la compétence du gouvernement fédéral ou soumettre un projet de loi à l'adoption du Parlement.

Aux Communes, cinq heures par semaine sont réservées à l'étude des mesures d'initiative parlementaire. Comme au Sénat, il peut s'agir de motions ou de projets de loi, qui doivent passer par plusieurs étapes et qui sont en concurrence avec celles d'autres membres. Cela peut avoir pour effet de limiter le nombre de mesures d'initiative parlementaire qui font l'objet d'un vote au cours d'une session parlementaire. Mais il s'agit néanmoins d'un mécanisme important qui permet aux parlementaires d'exprimer leurs attentes et leurs préoccupations et celles des citoyens qu'ils représentent.

Le Parlement du Canada vu de l'intérieur

Contexte plus large du Parlement

En tant que corps législatif, le Parlement est un instrument de gouvernement qui s'inscrit dans un contexte plus large, comprenant l'exécutif et le judiciaire.

Dans le gouvernement parlementaire de type britannique, l'exécutif, qui comprend le premier ministre et le Cabinet, fait partie du Parlement, tout en conservant une sphère d'autorité et d'autonomie qui lui est propre. Le judiciaire, comprenant la Cour suprême et tous les autres tribunaux du pays, est le troisième organe de gouvernement, qui est indépendant du Parlement ou de l'exécutif.

Le régime parlementaire du Canada

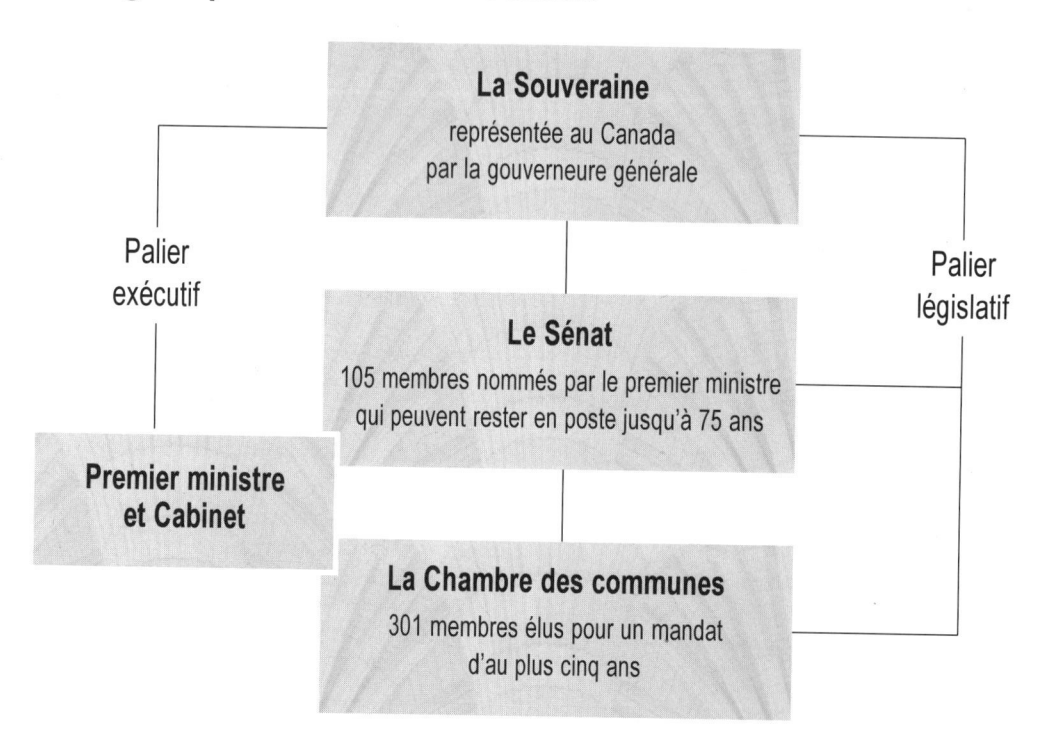

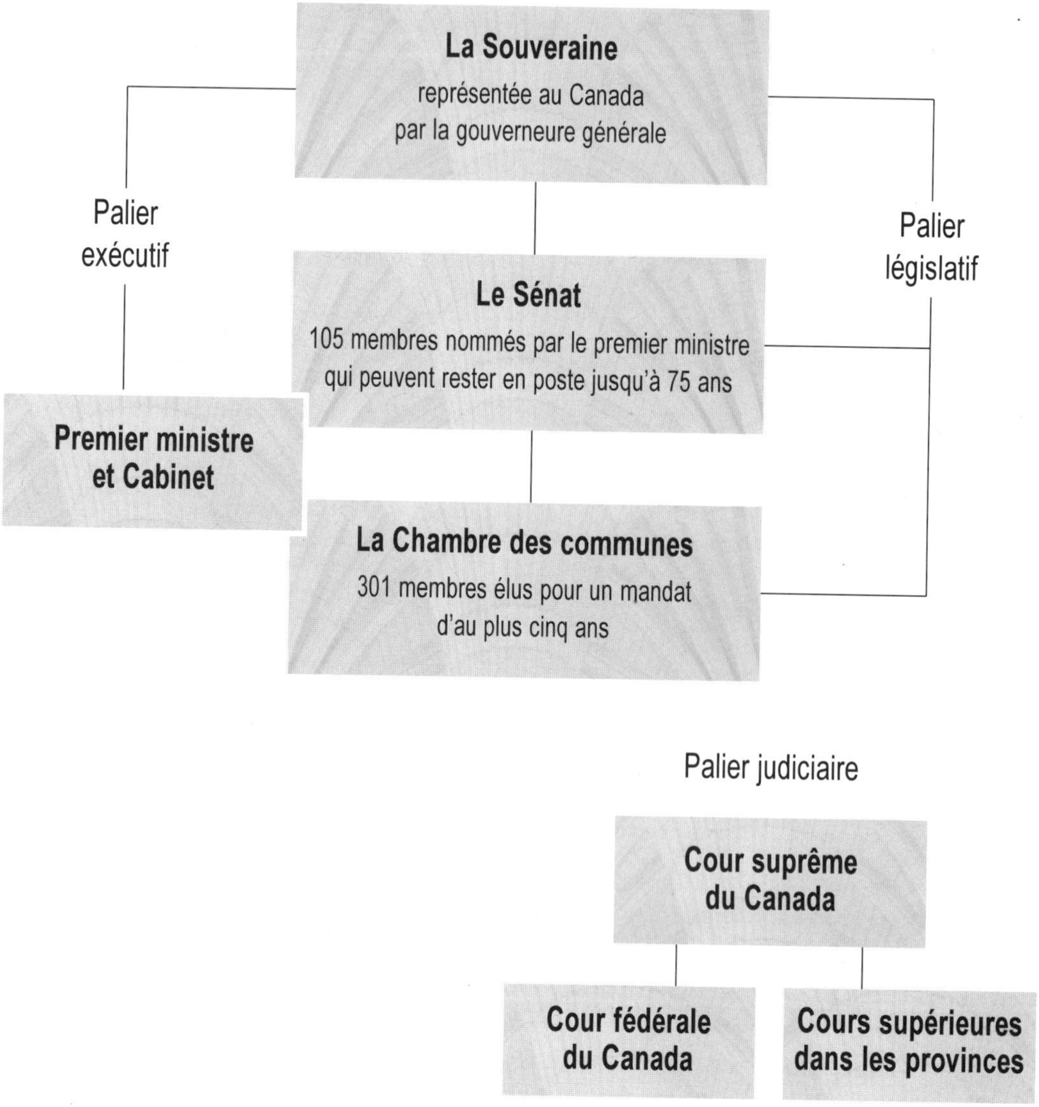

La Souveraine
représentée au Canada par la gouverneure générale

Palier exécutif

Palier législatif

Le Sénat
105 membres nommés par le premier ministre qui peuvent rester en poste jusqu'à 75 ans

Premier ministre et Cabinet

La Chambre des communes
301 membres élus pour un mandat d'au plus cinq ans

Palier judiciaire

Cour suprême du Canada

Cour fédérale du Canada

Cours supérieures dans les provinces

18   Les institutions

Le premier ministre et le Cabinet

Par convention, le chef du parti politique qui obtient le plus grand nombre de sièges à la Chambre des communes est nommé premier ministre. C'est le premier ministre qui choisit les membres du Cabinet, habituellement parmi les députés élus du parti. Ensemble, le premier ministre et le Cabinet constituent l'organe exécutif du Parlement, qui est chargé d'exécuter les décisions prises par le Parlement et de gouverner le pays.

La tradition veut que le premier ministre veille à ce que chaque province soit représentée par au moins un ministre. Si une province n'a élu aucun député du parti gouvernemental, le premier ministre peut choisir un sénateur de la province et le nommer au Cabinet.

La plupart des ministres sont chargés d'administrer un ou plusieurs ministères et de rendre compte de leurs activités au Parlement. Pour assurer une collaboration fructueuse entre le Cabinet et le Sénat, le leader du gouvernement au Sénat fait habituellement partie du Cabinet. Cela présente l'avantage d'avoir quelqu'un au Sénat pour parler au nom du gouvernement.

Le premier ministre et les membres du Cabinet sont comptables à la Chambre des communes. Les ministres répondent aux questions, proposent des mesures législatives et expliquent les politiques au nom de leur ministère et du gouvernement, devant des partis d'opposition qui scrutent leurs actions.

L'administration fédérale

Les lois et les politiques adoptées par le Parlement sont mises en application par un réseau de ministères. La répartition des responsabilités entre ministères est en grande partie fonctionnelle (p. ex., communications, industrie, santé). Le Bureau du Conseil privé (BCP) est étroitement associé aux travaux du Parlement, car il remplit le double rôle de ministère du premier ministre et de secrétariat du Cabinet. Le BCP assiste le premier ministre sur des questions comme l'établissement des priorités, l'élaboration et la coordination des politiques, les mandats ministériels et l'organisation du gouvernement, la sécurité nationale et les nominations aux postes supérieurs. Dans son rôle de secrétariat du Cabinet, le BCP donne des avis stratégiques, organise les séances du Cabinet et de ses comités, informe les présidents des comités, consigne les décisions des comités et communique l'information aux parties intéressées.

Le pouvoir judiciaire

L'indépendance judiciaire est une pierre angulaire du régime canadien. La « primauté du droit » signifie que personne n'est au-dessus de la loi — ni le gouvernement ou le premier ministre, ni la reine ou la gouverneure générale, ni le Parlement, ni même les tribunaux.

Le Parlement du Canada vu de l'intérieur

Cela est particulièrement important dans un pays comme le Canada avec un système de gouvernement fédéral, où les pouvoirs législatifs sont répartis entre le gouvernement national et les provinces, et avec une Charte constitutionnelle des droits et libertés. Depuis 1949, année où les appels devant le Conseil privé britannique ont été abolis, la Cour suprême est le plus haut tribunal du pays. Elle tranche souverainement les questions d'interprétation des lois en se fondant sur la Constitution. La Cour se compose de neuf juges, dont trois doivent venir du Québec. Les juges de la Cour et des autres juridictions supérieures, tant fédérales que provinciales, sont nommés par la gouverneure générale sur recommandation du Cabinet et peuvent rester en poste jusqu'à 75 ans.

III
À l'œuvre

Inside Canada's Parliament

Foreword

This is Parliament! *Inside these walls and chambers you will see a lot of activity. This is where the people who represent the citizens of Canada come together to debate, discuss, reflect, and make decisions about how our country's policies, laws and finances work to reflect the public will and the public interest.*

Ensuring that Canadians know how Parliament works is the key to making it work. As a democracy, Canada thrives when its citizens are involved and informed.

Inside Canada's Parliament throws open the doors of Parliament — taking you behind the scenes, through its corridors and back passages, to show you how the work of Parliament gets done.

As Speaker of the Senate and Speaker of the House of Commons, we welcome this opportunity to give you better insight into how Canada's Parliament operates so you can share in our sense of involvement and excitement.

On behalf of all the people who work for you in Parliament, welcome.

Peter Milliken, M.P.

Speaker of the House of Commons

Dan Hays, Senator

Speaker of the Senate

Inside Canada's Parliament

Table of Contents

Preface

Introduction 1

I *The Foundations* 3

II *The Institutions* 9

III *The Work* 21

IV *Continuing Traditions* 31

Inside Canada's Parliament

Preface

A young Canadian casting a vote, a Senator conducting a clause-by-clause review of a bill, a Member of the House of Commons meeting with constituents, a Cabinet Minister defending her department's policies to other party members in a caucus meeting, members of a special interest group presenting their case to a parliamentary committee — these are just some of the many people who make Canada's Parliament work.

And it does work. Through an intricate marriage of tradition and forward thinking, of time-honoured processes and changing social and economic circumstances, Canadians have built a parliamentary system of which to be proud. After more than a hundred years of adaptation and improvement, of taking the best of the old and the best of the new, it is our heritage.

The people who represent Canadians in Parliament — as Senators and Members of the House of Commons — are proud to be part of such a great institution. Through debate, discussion and reflection, parliamentarians safeguard Canada's democratic system — ensuring that the country's laws and the management of its finances reflect the public will. What they do matters.

"Behind the scenes", many men and women provide parliamentarians with essential services to help them do their work. They are the people who conduct research on laws, policies and parliamentary rules and procedures, coordinate the work of parliamentary committees, prepare and distribute the information parliamentarians need for debate and decision-making, and ensure public access to the history and traditions of Parliament. What they do matters too.

Democracy works best when citizens are involved in, and informed about, the workings of government. But much of what parliamentarians do, the details of their work, is not always understood. It's important that the Houses of Parliament be open and accessible so that Canadians and others can learn about how the laws of the country are made, and where the future of Canada is shaped. Read on and discover how Canada's Parliament works, who Canadian parliamentarians are and how they do their job.

Introduction

I nside Canada's Parliament: An Introduction to How the Canadian Parliament Works *was commissioned by the Senate, the House of Commons and the Library of Parliament to provide those interested in Parliament — including members of the public, teachers, business people and parliamentarians from both here and abroad — with an introduction to the Canadian system. The information in this guide is intended to provide key facts about Parliament and, at the same time, capture its spirit and give readers some insight into how the work of Parliament actually gets done, and by whom.*

Chapter I, *The Foundations,* gives an overview of the Canadian parliamentary system, including the history, geography and social diversity that have helped shape Parliament. It outlines three "pillars" which support Parliament: representativeness, responsibility and accountability.

Chapter II, *The Institutions,* provides the reader with an overview of the three parliamentary institutions — the Crown, the Senate and the House of Commons. The role of the Prime Minister and the Cabinet is also explored, as is the wider context of Parliament — including its relationship to government departments and the courts, and the support provided by Parliament's administration, information and research bodies.

Chapter III, *The Work,* examines the daily activities of parliamentarians and the many roles they play — as representatives of their constituents or interest groups, as legislators, as investigators, and as watchdogs of the Government. An overview of the legislative process shows how laws are made, and a "behind-the-scenes" look at the roles played by administrative and professional staff — in the Senate, in the House of Commons and in the Library of Parliament — reveals how Parliament's employees contribute to its daily workings.

Chapter IV, *Continuing Traditions,* highlights the fine balance between Parliament's traditions and modern practices, and the "living", evolving nature of the Canadian system. While it is steeped in tradition and history, Parliament is also adaptable and flexible, reflecting the changing values of Canadians and the country's social and economic climate.

A glossary of terms used in this publication, and other resources about Parliament, are available on the Internet at http://www.parl.gc.ca.

The Foundations I

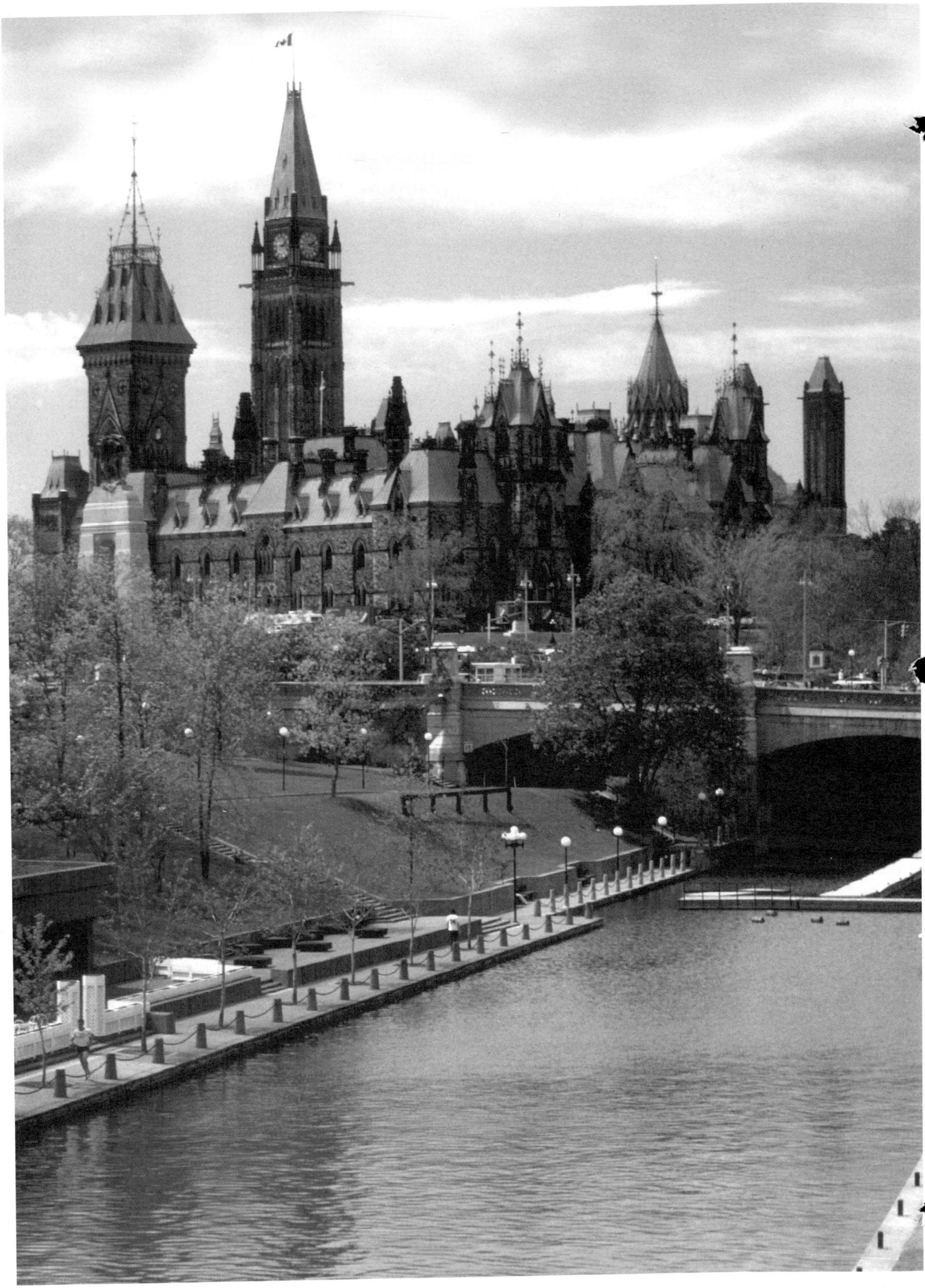

Inside Canada's Parliament

Discussion is a fundamental part of any democratic system. As a nation, every day, we hear and present viewpoints, we struggle with issues, we reach agreement on actions, we share ideas and dreams — and we create the laws, policies and programs that are the framework for the national vision.

Parliament is a place of discussion and debate. You can see it in Question Period, when Ministers are called to account for their actions and policies. It's there in caucus meetings when party members hammer out their position on issues that will determine the country's future. It's there in committees, when members of industry or labour or any interest group speak out about the Government's policies. Such debate is the basis of democracy.

A Tree with Strong Roots

Like any institution, Parliament has its own distinct history. When the Dominion of Canada was proclaimed on July 1, 1867, the various regions of the country already had a rich history rooted in representative traditions. Even before the Charlottetown and Quebec Conferences of 1864, when the resolutions that formed the basis for Confederation were framed, the people who had settled in what we now call Canada had been part of the gradual development of a parliamentary democracy. Between 1758 and 1863, the colonies which would become some of Canada's provinces — Nova Scotia, Prince Edward Island, New Brunswick, Ontario, Quebec, Newfoundland and British Columbia — all established elected assemblies, giving the people of each province a representative voice. From 1848 onwards, the colonies developed "responsible government" — the assemblies had the capacity to make and unmake governments, and the governments were accountable to the whole elected assembly for their actions and decisions.

By 1864, many people in the British North American colonies were discussing the benefits of union. They could do much together that they could not do separately — pooling their economic resources to overcome the challenges of a vast geography and working together to protect themselves against the economic and military dominance of the United States. Their solution — Confederation — did much to respect the deep differences in economic interest, language, religion, law and education among the regions that came together in 1867. Confederation established the constitutional agreements and the Parliament we know today.

Canada's system is a federation. Legislative and governing powers are divided between the federal Government, responsible for matters of concern to all Canadians, and provincial legislatures, responsible for matters of more local interest. Ottawa is the home of the country's federal Parliament and the seat of its national government.

The Foundations   5

Inside Canada's Parliament

A British Model, a Canadian Constitution

Canada's Parliament reaches back over 800 years to the foundations of British parliamentary tradition. But Canada's Constitution — the fundamental rules and values by which we govern ourselves — is distinctly our own.

The Canadian system of government, like the country it serves, has evolved over time. Moreover, Canada's Constitution is made up of many documents and includes unwritten conventions, many of which have been established through parliamentary tradition. In fact, 25 separate documents make up the Constitution. But the core of this collection is the *Constitution Act, 1867*, originally called the *British North America Act.* This statute, along with the various amendments added to it, sets out the fundamental rules of the federal system, such as the powers and jurisdiction of Parliament and of the provincial legislatures. It established Parliament, composed of the Queen, an appointed Senate and an elected House of Commons. This 1867 statute did not provide for direct amendment in Canada.

The *Constitution Act, 1982*, "brought the Constitution home" — detailing the processes by which future changes could be made to the Canadian Constitution without seeking an Act of the British Parliament. It specifies that changes to the Constitution can only be made by particular amending processes, involving various combinations of Parliament and some or all of the provincial legislatures. The *Constitution Act, 1982*, contains the *Canadian Charter of Rights and Freedoms*, and includes a section recognizing the special place of Canada's Aboriginal people within Confederation.

However, many basic features of Canada's government have no mention in the written Constitution. The Cabinet, political parties, the Prime Minister — these are household words in Canada, but they do not appear in any formal documents of the Constitution. Essential elements of our system of governance are contained in other laws, such as the *Parliament of Canada Act*, and are reflected in Parliament's practices and traditions.

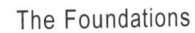

6 The Foundations

Inside Canada's Parliament

The Building Blocks of Parliament

Three themes arise repeatedly in the events of Canada's constitutional history, written and unwritten. These are: representativeness, responsibility and accountability. Respect for these ideas is a feature of any democracy, but the way they are given life in Canada's Parliament gives us some of our distinguishing character. They are the "pillars" that ensure thoughtful consideration of the issues that concern Canadians and promote sound decision-making.

Representing Canadians

The two Houses of Parliament — the Senate and the House of Commons — are each, in different ways, representative of Canadians. All Members of the House of Commons are elected, chosen by the voters of their riding, or community, to represent them in the national legislature. The appointed Senate provides a forum of representation which complements that of the House of Commons. In addition to reflecting the principal of equal geographical regions of Canada, the Senate often advocates on behalf of minority interests. Individual Canadians can also request that Parliament take action on a specific issue by submitting a petition for introduction by a Member of the Senate or House of Commons.

Responsible Government

"Responsible government" means that the executive branch — the Prime Minister and Cabinet — must have the support from the majority in the House of Commons to stay in power. In the British tradition, the defeat of a bill involving a major policy issue or a tax or supply bill in the House of Commons is usually regarded as a "vote of non-confidence" in the Government. Given the rigidity of party discipline, which discourages Members from voting against party policy, defeat in the House of Commons is unlikely unless the Government is in a minority position or loses the support of its own backbenchers.

Accountability

As in Great Britian, there are other features of Parliament that ensure the accountability of those in power. Cabinet Ministers report to Parliament on the activities and programs of their federal departments and must defend their actions to members of the Opposition during Question Period. In fact, the various activities in the daily life of Parliament and the dynamic inherent in Canada's system of political parties are designed to ensure that the governing party is accountable for its policies, activities and programs.

The Foundations

Inside Canada's Parliament

Debating the Issues

Parliament serves as a debating chamber, allowing the free exchange and competition of ideas. Through review and discussion, parliamentarians can ensure that the Government's policies are continually challenged and tested, a process designed to help Members of Parliament identify the best possible course of action for the country.

Parliament also raises citizen awareness. As a highly visible forum, it helps bring important issues to the attention of Canadians and equips them for performing their duties as informed electors.

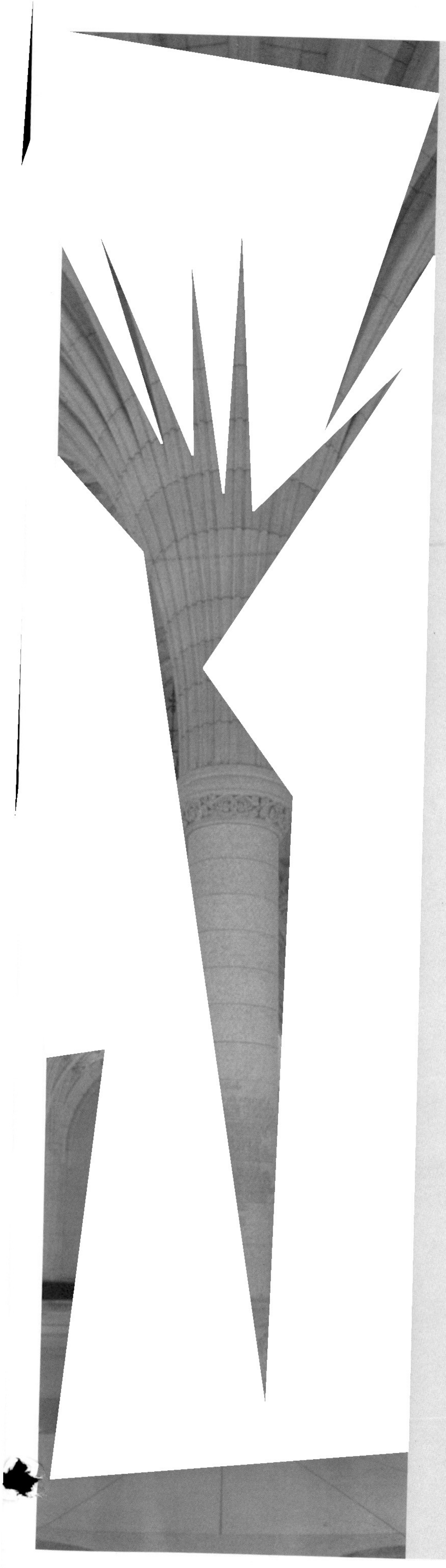

The Institutions II

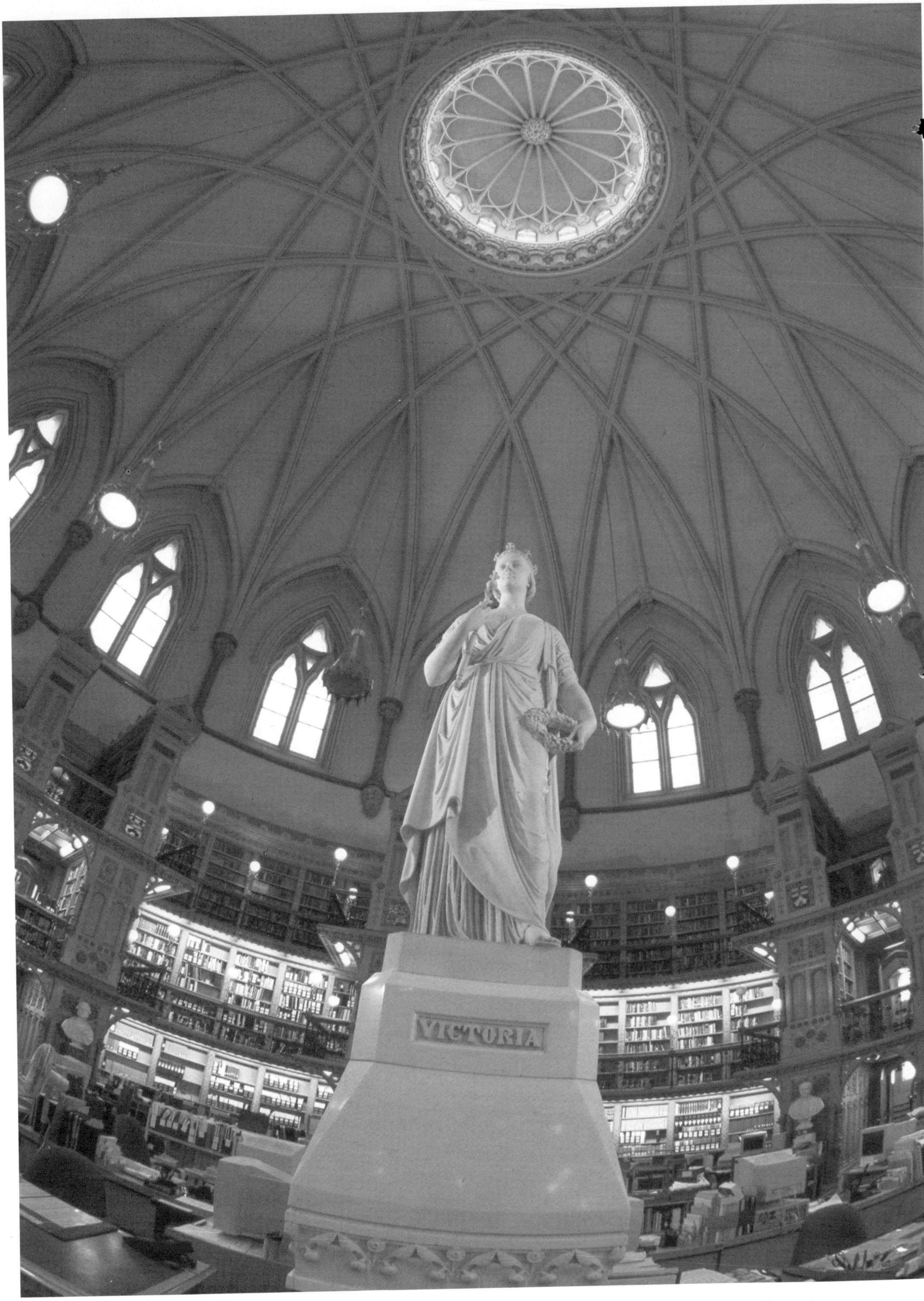
VICTORIA

Inside Canada's Parliament

"There shall be One Parliament for Canada, consisting of the Queen, an Upper House styled the Senate and the House of Commons." With these simple words written in the Constitution Act, 1867, the founders of Confederation drew on the British model they knew best to give shape to Canada's legislature.*

The three institutions of Parliament are the Crown, the Senate and the House of Commons. These bodies complement one another in their composition and functions.

"... Consisting of the Queen ..."

In her capacity as Sovereign of Canada, the Constitution declares that executive authority is vested in the Queen (s. 9). While the Prime Minister exercises the powers of the Head of Government, the official functions of the Head of State are carried out by a person with no political affiliation — the Governor General — who is appointed by the Queen as her personal representative on the advice of the Prime Minister.

The Governor General today performs official duties on the advice of the Government. The Crown's presence in Canada is still evident in the Governor General's constitutional powers, including:

➤ choosing the Prime Minister of Canada. By convention, this means selecting the leader of the party with the majority of seats in the House of Commons. However, in the event that no party has a majority, the Governor General will call upon the party leader most likely to keep the confidence of the House of Commons.

➤ summoning Parliament, giving Royal Assent to legislation, and signing State documents.

➤ dissolving Parliament which, by convention, means accepting the advice of the Prime Minister to proceed to an election within five years of a government's life. If, however, the Government is defeated on a vote of confidence, the Governor General decides in the best interests of Canada and having the advice of the Prime Minister, whether to proceed with an election or ask the Opposition to form the Government.

The Governor General also fulfills important ceremonial duties — recognizing the achievements of outstanding Canadians, receiving foreign delegations, travelling overseas as Canada's Head of State, and hosting and taking part in official events.

The Institutions   11

Inside Canada's Parliament

"... an Upper House styled the Senate ..."

During the debates which led to Confederation in 1867, Sir John A. Macdonald, who would become Canada's first Prime Minister, pointed to the primary purpose of the Senate as "calmly considering the legislation initiated by the popular branch, and preventing any hasty or ill-considered legislation which may come from that body". The Senate's intended role was also to safeguard regional, provincial and minority interests. Some basic facts about the Senate include:

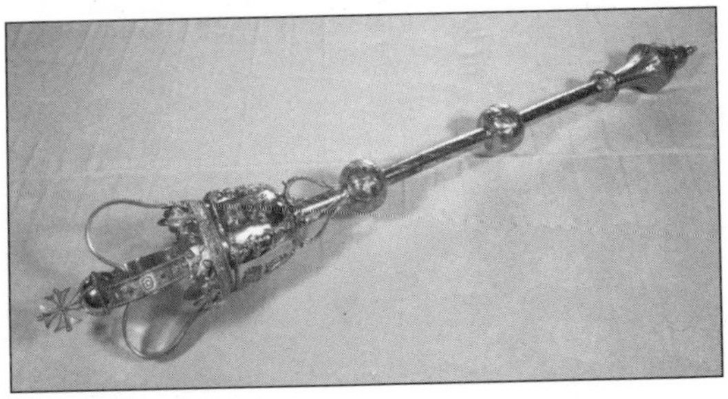

➤ It has 105 members of different political parties, as well as independents. They are summoned by the Governor General on the recommendation of the Prime Minister.

➤ Senate seats are allocated to provide each region of the country with equal representation. Over half of the seats in the Senate are distributed to the less populated parts of the country, complementing the representation-by-population basis of the House of Commons.

➤ Senators must be over 30 years of age, must own property and must reside in the region they represent. Like judges, their independence is protected by tenure until the age of 75.

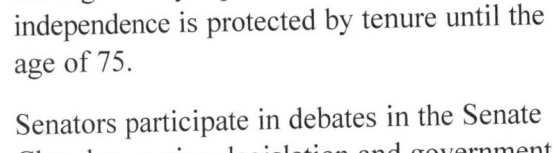

➤ Senators participate in debates in the Senate Chamber, review legislation and government estimates and investigate policy matters and issues of concern to Canadians in committee, discussing party policy and strategy in caucus meetings.

➤ Bills can be introduced in the Senate unless they raise or allocate public funds. To become law, a bill must be passed by both the Senate and the House of Commons before receiving Royal Assent in the Senate.

Inside Canada's Parliament

"... and the House of Commons."

The House of Commons provides for the representation of the country's population in the national assembly. Some key facts about the House of Commons:

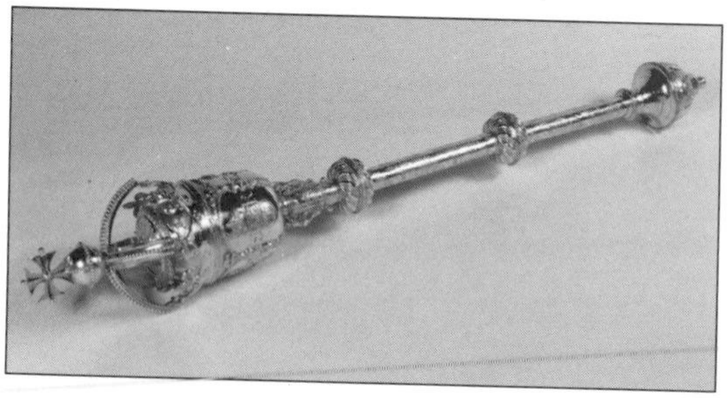

➤ There are 301 seats in the House of Commons, distributed among the provinces roughly according to population. To ensure a minimum level of representation from each province, no province can have fewer seats than it has members in the Senate.

➤ The Government must have the support of the House of Commons and retain its confidence in order to stay in power. If the Government loses a vote on a major measure, including a budget or tax bill, or on any motion of non-confidence, it is expected to resign or to ask the Governor General to call a general election. This constitutional convention reflects the principle of responsible government, which ensures that the Prime Minister and the Cabinet cannot govern without the consent of the elected House of Commons and makes them ultimately accountable to the people.

➤ Canadians elect a Member of the House of Commons to represent their constituency (also known as a riding). The candidate with the most votes is awarded a seat in the House of Commons and serves for the life of the Parliament (a maximum term of five years). Members may then seek re-election.

➤ Various political parties are represented in the House of Commons, although some Members may have no affiliation to an organized party.

➤ The House of Commons Chamber is divided into Government and Opposition sides. Any Member not affiliated with the governing party is part of the Opposition.

➤ Members of the House of Commons deal with the major issues of the day and formulate federal laws by taking part in debates, and by sitting on committees which investigate policy issues and review bills. They maintain close contact with their constituents and discuss policy and strategy with fellow party members in caucus.

➤ Before any bill becomes law, it must be passed by both the House of Commons and the Senate.

The Institutions **13**

The Role of the Opposition

In Canada, the party with the greatest number of elected representatives that is not the governing party becomes Her Majesty's Loyal Opposition. This party takes the lead in holding the Government accountable for its policies and actions. The leader of this party becomes the leader of the Official Opposition, sitting directly across from the Prime Minister. The duty of the Official Opposition and other opposition parties is to "challenge" government policies and suggest improvements, and present an alternative to the current Government's policy agenda.

Opposition members have various opportunities to influence the formulation of laws and policies, including the daily Question Period in the House of Commons. The Opposition is allocated 20 "Opposition Days" or "Supply Days" each calendar year when it can propose a motion for debate and criticize the Government on issues of broad national policy. Members of opposition parties also serve on parliamentary committees in both the Senate and the House of Commons.

In the Senate, the Opposition often plays a less partisan role. The Leader of the Opposition in the Senate leads the Opposition in debate, coordinates its daily activities and confers with the Leader of the Government in the Senate on its business. The Leader of the Opposition, like the Leader of the Government, is an ex officio member of all standing committees and helps coordinate party strategy.

The Administration of Parliament

The administrative organizations of the Senate, the House of Commons and the Library of Parliament provide a wide range of services to parliamentarians. The Administration in both the Senate (400 employees) and the House of Commons (1,300 employees) works "behind the scenes" to serve parliamentarians. Its support includes procedural and legal services (advice and support for legislative and committee work), precinct services (security, architectural planning, and building support and maintenance) and administrative services (human resources, communications, information technology, printing, finance and corporate management).

The Senate Administration

The Standing Committee on Internal Economy, Budgets and Administration oversees the internal affairs of the Senate, including all administrative and financial matters. Composed of 15 Senators, as set out in the *Rules of the Senate*, it meets on a regular basis, usually holding its meetings in public. All budget applications from Senate Committees are considered publicly. Ad hoc sub-committees are appointed from time to time to deal with specific issues relating to, for example, communications, information technologies, finance and personnel, or accommodation and facilities.

The House of Commons Administration

The *Parliament of Canada Act* entrusts the financial management of the House of Commons to the Board of Internal Economy (BOIE). The Board is composed of 11 Members of the House of Commons, chaired by the Speaker of the House of Commons, and includes representatives of the governing party and all recognized opposition parties.

The Library of Parliament

The administration of the Library of Parliament is entrusted to the Parliamentary Librarian who manages according to orders and regulations approved by the Speakers of the two Houses, assisted by a standing joint committee of Senators and Members of the House of Commons. Established at Confederation to meet the information needs of the newly-created Parliament of Canada, the Library of Parliament today provides comprehensive information, documentation, research and analysis services to parliamentarians and their staff, committees, associations and delegations, and senior Senate and House of Commons officials. Over 600,000 documents — including books, periodicals, brochures and theses — line the shelves of the Library, which also serves Parliament through the use of "state-of-the-art" information technologies and a collection of well over one million items (books, periodicals, brochures and Library microforms), of which over 400,000 titles are catalogued in the integrated system. In addition, the Library offers a full range of research services, provided by its staff of lawyers, economists, scientists and government and social policy specialists. All Library services are provided on a strictly confidential and non-partisan basis.

Although its library and research services are reserved for parliamentarians and Parliament, the Library offers a range of products and services designed to promote public awareness about the history, role and activities of Parliament. The Library produces information kits, brochures and fact sheets for distribution to the public, organizes guided tours and visitor programs in the Parliament buildings, and offers educational programs and services — such as the annual Teachers' Institute on Canadian Parliamentary Democracy.

Inside Canada's Parliament

Private Members

The term "private Member" refers to any Member in either the Senate or the House of Commons, sitting with the Government or the Opposition, who does not hold an office or a partisan leadership position. Also called "backbenchers" because they do not usually sit in the first row, these parliamentarians constitute the vast majority of the membership in the Senate and the House of Commons.

While most of the business debated in Parliament is sponsored by the Government, private Members also have the opportunity to bring forward their own initiatives for consideration by their respective Houses. Any private Member proposing a bill must make sure that it does not involve the expenditure of public money, as such bills can only be sponsored by a minister in the House of Commons.

In the Senate, individual Senators have a variety of opportunities to bring matters of particular concern before the entire Senate on any sitting day. With one or two days' notice, a Senator can launch a debate or an inquiry that is non-votable, seek to establish a committee to investigate any topic falling within federal jurisdiction or present a bill for adoption by Parliament.

In the House of Commons, consideration of business proposed by private Members is limited to five hours each week. As in the Senate, these items of business can include motions or bills. Private Members must manage a series of steps in competition with other Members that tends to limit the number of private Members' motions or bills that are actively voted upon during the course of a parliamentary session. Nonetheless, Private Members' Business is an important vehicle for airing the concerns or preoccupations of parliamentarians and the citizens they represent.

The Institutions 17

Inside Canada's Parliament

The Broader Context of Parliament

Parliament as a legislative body functions as an instrument of government within a broader structure that includes the Executive Branch and the Judicial Branch.

In the Westminster-based model of parliamentary government, the Executive, comprised of the Prime Minister and the Cabinet, is incorporated into Parliament, while retaining a separate sphere of authority and autonomy. The Judiciary, consisting of the Supreme Court and all the other courts of the land, is the third branch of government that is also independent of either Parliament or the Executive.

Canada's Parliamentary System

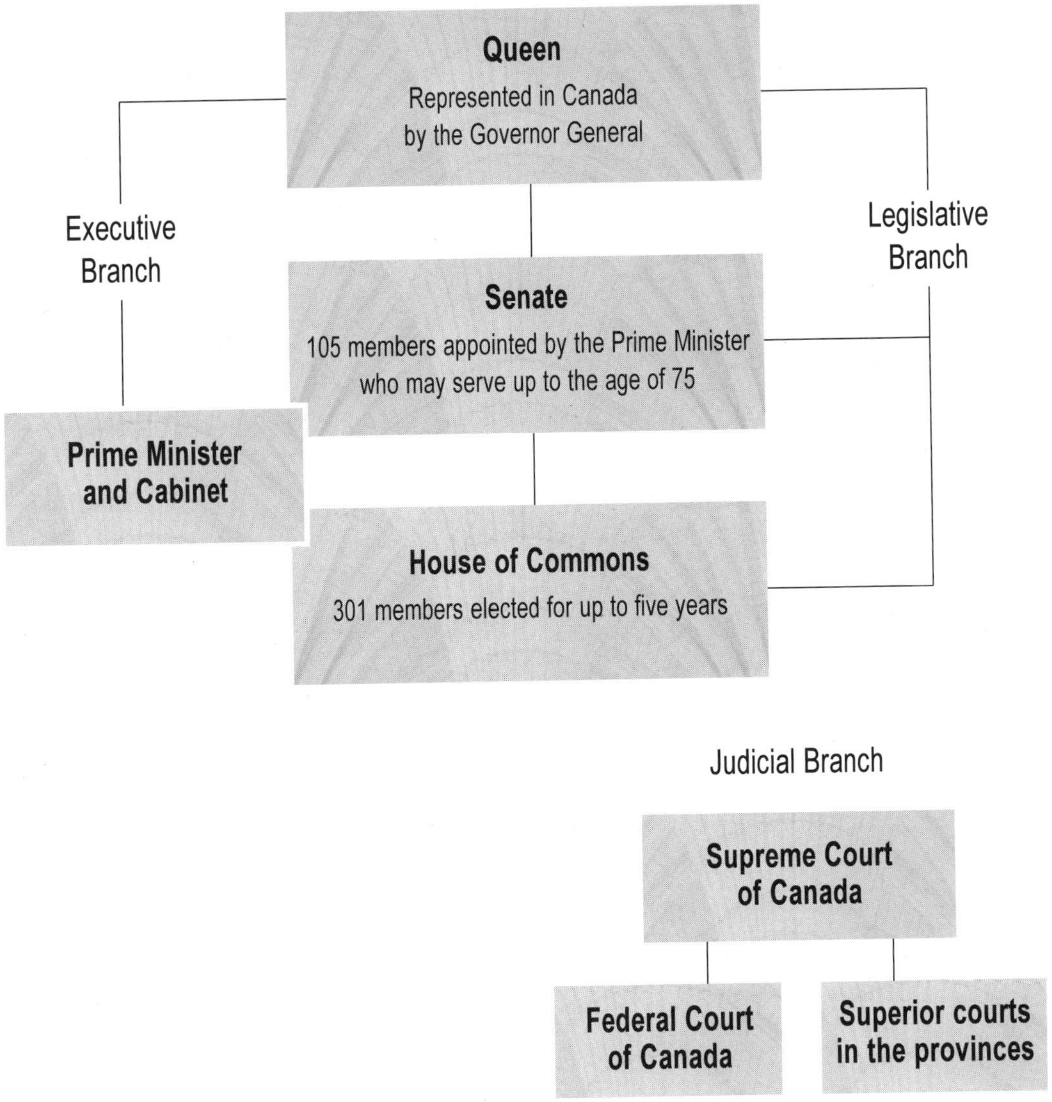

Queen
Represented in Canada
by the Governor General

Executive
Branch

Legislative
Branch

Senate
105 members appointed by the Prime Minister
who may serve up to the age of 75

**Prime Minister
and Cabinet**

House of Commons
301 members elected for up to five years

Judicial Branch

**Supreme Court
of Canada**

**Federal Court
of Canada**

**Superior courts
in the provinces**

18 The Institutions

Inside Canada's Parliament

The Prime Minister and Cabinet

By convention, the leader of the political party with the largest number of seats in the House of Commons is appointed Prime Minister. Members of the Cabinet are selected by the Prime Minister, primarily from the elected members of that party. Together, the Prime Minister and the Cabinet form the executive branch of Parliament, appointed to carry out actions authorized by Parliament and govern the country.

Traditionally, the Prime Minister tries to ensure that every province is represented by at least one Cabinet Minister. If voters in a province do not elect any government supporters, the Prime Minister may choose a Senator from that province for the Cabinet.

Most Cabinet Ministers are responsible for the administration of one or more government departments and report to Parliament on their departments' activities. To ensure a productive relationship between the Cabinet and the Senate, the Leader of the Government in the Senate usually serves as a Cabinet Minister — the benefit being that there is someone in the Senate who can speak for the government of the day.

The Prime Minister and Members of Cabinet are accountable to the House of Commons. Ministers answer questions, propose legislation and defend the policies on behalf of their department and the Government against the scrutiny of the opposition parties.

The Federal Bureaucracy

The laws and policies of Parliament are put into practice by a network of federal departments. The division of responsibilities among departments is largely functional (for example, communications, industry, health). The Privy Council Office (PCO), in particular, is closely linked to the work of Parliament, serving a dual role as the Prime Minister's department and the Secretariat to the Cabinet. PCO provides support to the Prime Minister in such areas as priority setting, policy development and coordination, ministerial mandates and government organization, national security and senior appointments. In its role as Secretariat to the Cabinet, PCO offers strategic policy advice, organizes Cabinet and its committee meetings, briefs their chairpersons, records committee decisions and distributes information to interested parties.

The Judicial Branch

A cornerstone of Canada's system of government is an independent judiciary. The "rule of law" means that no one is above the law — not the Government or the Prime Minister, not the Queen or the Governor General, nor Parliament itself, and nor the courts themselves. This is especially important in a country like Canada with a federal

The Institutions   **19**

Inside Canada's Parliament

system of government where legislative powers are divided between the national and provincial governments, and with a constitutional Charter of Rights and Freedoms. Since 1949, when appeals to the British Privy Council were finally abolished, the Supreme Court has been the highest court in the land. It makes final decisions on the interpretation of law based on the Constitution. The court is composed of nine judges, three of whom must come from Quebec. Judges of the Supreme Court and higher level federal and provincial courts are appointed by the Governor General on the advice of Cabinet and hold office until they reach age 75.

The Work
III

The Senate

The House of Commons

Inside Canada's Parliament

P arliamentarians, whether they are Senators or Members of the House of Commons, must fulfill many roles — not only do they represent their constituents and act as loyal party members, they act as ombudsmen, law-makers and as watchdogs on the Government and the bureaucracy.

On a typical day, a parliamentarian might meet with the media, members of the public or colleagues; find time to respond to a mountain of correspondence and telephone messages; prepare speeches for the Chamber; and review background documents for their work in committees. It is a job that takes them on a well-worn path between the Senate Chamber or the House of Commons, caucus and committee rooms, and their parliamentary and constituency office. For most, it involves long hours.

One of the "constants" in parliamentarians' work — whether it is in the Senate or in the House, in caucus or in committee — is the careful deliberation and debate of issues. This is the fundamental guarantee that decisions are thoroughly considered and that key issues are brought to the attention of the Canadian public.

They represent ...

Parliamentarians put the principle of representative government to work by listening to the views of their fellow citizens, acting as intermediaries on their behalfs, as well as advocating views and suggesting policy initiatives. However, most parliamentarians belong to a political party and, as such, they also support their party's policies and participate in party activities.

In the Senate: Senators are appointed and perform duties in their senatorial divisions in a different way than Members of the House of Commons perform duties in their constituencies. Under the law, Senators must reside in the province from which they are nominated. Senators are expected to take an interest in the regional impact of legislation and policies. Some also adopt informal constituencies — focusing their attention on groups or regions whose rights and interests are often overlooked. The young, the poor, seniors, veterans — these are some of the groups who have benefitted from having a public forum through Senate investigations.

In the House of Commons: As elected representatives, Members of the House of Commons are expected to take into account the interests of constituents as they carry out their responsibilities. They also serve as ombudsmen, responding to phone calls and letters from their constituents with problems they want taken up with government departments and agencies. These concerns are wide ranging, and include employment insurance, social welfare cases, pensions, immigration matters, farming and business issues. Members also attend a multitude of events and functions, in their communities and elsewhere in the country. To accommodate the various needs of their constituents, Members maintain offices both in their constituencies and in Ottawa.

The Work 23

Inside Canada's Parliament

Key Roles in the Chambers

The **Speaker of the Senate** is appointed on the advice of the Prime Minister to preside over the deliberations of the Chamber. The Speaker ensures the orderly flow of debate and, subject to an appeal to the full Senate, rules on any procedural issues. The Speaker's Chair is on a raised platform in front of the thrones reserved for the Sovereign or the Governor General and their consort.

The **Speaker of the House of Commons** is chosen by fellow Members by secret ballot to preside over the deliberations of the House and to act as the spokesperson for the Commons. The Speaker ensures that all rules and procedures are followed. Because the position is non-partisan, the Speaker debates or votes, only to break a tie. The rulings of the Speaker are final and may not be challenged. As the Chair of the Board of Internal Economy, the Speaker oversees the administration of the House of Commons.

The **Clerk of the Senate** who is also the **Clerk of the Parliaments** is appointed by the Governor in Council as the Senate's chief executive officer and is ultimately responsible for its day-to-day operation. In the Chamber, the Clerk manages various aspects of the legislative process, from swearing-in of new Senators to advising the Speaker on parliamentary procedure and interpretation of the rules. As Clerk of the Parliaments, the Clerk is the custodian of all original Acts and certifies the authenticity of copies of these Acts.

The **Clerk of the House of Commons** is appointed by the Governor in Council as the chief executive officer of the House of Commons and serves as Secretary to the Board of Internal Economy. The Clerk advises the Speaker and Members of the House of Commons on parliamentary procedure and practice, and keeps the official record of proceedings.

The **Usher of the Black Rod**, acting as a royal messenger, delivers all summons calling the House of Commons to hear the Speech from the Throne, which inaugurates a new Parliament or session, or to observe the Royal Assent ceremony, the final parliamentary step in making bills law. The title of the position comes from the ebony cane carried by the Usher and is a symbol of the office, designed specifically to knock on doors such as those of the House of Commons.

The **Sergeant-at-Arms** is the officer of the House of Commons responsible for security within the Chamber at the direction of the Speaker. He bears the Mace — symbol of the authority of the House — when accompanying the Speaker in the daily parade into the Chamber and to the Senate at various times.

Inside Canada's Parliament

Behind the scenes: In addition to supplying financial and materiel office support, administration staff ensure that parliamentarians are able to communicate efficiently — both within the parliamentary precinct and with constituency offices or various interest groups. Staff explore and implement technological solutions, such as the Internet and E-mail services, and keep users well trained in the operation and application of new systems. Administration staff have also introduced monitoring aids to help parliamentarians track how their budgets are being used and to identify cost-saving opportunities including for example, reduced travel costs and materiel management efficiencies.

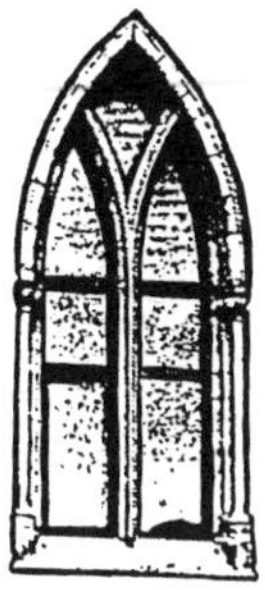

Window on the Constituency Office

When they are not attending the Chamber or committee meetings, Members of the House of Commons must find time to keep up with their constituency work. While each constituency is distinctive and each Member of the House of Commons has a personal style and vision, work in the constituency normally includes attending many events and functions, keeping in touch with community leaders and members of the media, meeting with constituents and others, making representations on behalf of constituents, ensuring that information is received by people in the riding, and so forth.

The Work   25

Inside Canada's Parliament

"How Does a Bill Become a Law?"

An Overview of the Legislative Process

1

Passage through the first House (sometimes the Senate, usually the House of Commons)

The process in each Chamber is similar:

➤ First reading (the bill proposing a law is received, printed and circulated)

➤ Second reading (the principle of the bill is debated: is the bill good policy?)

➤ Committee stage

Step one: Ministers, department officials, experts and members of the public appear as witnesses before a committee*

Step two: Committee members study the bill, clause by clause

Step three: The committee adopts a report on the bill, recommending that it be accepted as is, or with amendments, or that it not be proceeded with further

➤ Report stage (in the House of Commons, motions to amend specific clauses of the bill are considered by the whole House, while in the Senate it is the committee report which is considered and amendments can be proposed)

➤ Third reading (final approval of the bill; in the Senate, further amendments can be considered at this stage)

2

Passage through the second House

3

Royal Assent by the Governor General makes the bill law

* NOTE: Although a bill normally enters the committee stage after second reading, recent changes have made it possible for a bill to be sent to committee before it is adopted for second reading.

26 The Work

Inside Canada's Parliament

They legislate ...

Together, Senators and Members of the House of Commons scrutinize legislative proposals, contributing their ideas and energy to the creation of Canada's laws. In fact, most of the daily debate in the chambers and much of the work in parliamentary committees concerns legislative initiatives. Drawing on the opinions of their constituents and other interested parties, conducting in-depth research, consulting with their party caucus and guided by their personal convictions, parliamentarians take part in an ongoing process of hearing, debating and revising the Government's legislation and considering the merits of the specific legislative issues before them. As shown in the sidebar "How Does a Bill Become a Law?" (p. 26), both the Senate and the House of Commons must pass a bill in identical form before it receives Royal Assent and becomes law.

The Power of the Purse

Each year, the Minister of Finance makes a statement about the details of the Government's financial intentions. Known as the "Budget Speech", this statement sets out the Government's broad plans and projects for the upcoming year, including the amount of money needed to finance these activities and how this money will be obtained. To raise the money called for in the Budget Speech, the Minister of Finance puts forward "Ways and Means motions", which are authority for bringing in a taxation bill. The "Business of Supply" refers to the process of estimating expenditures, examining and debating these estimates, and authorizing expenditures. The full package of proposed government expenditures (the Main Estimates) undergoes committee review and debate in the House of Commons and in the Senate. A bill based on the Estimates, known as an appropriation bill, is always considered first by the House of Commons, then in the Senate, before it receives Royal Assent. Other opportunities are also provided by the Standing Orders for discussion and debate on matters related to spending.

In the House of Commons: Generally, the Government controls the legislative agenda, except on opposition days, with the Cabinet responsible for approving legislative proposals before they are tabled in the House of Commons. Legal specialists in the Department of Justice draft the details of a bill working from instructions. The Bill eventually goes to the full House of Commons and the relevant committee to be challenged and reviewed. Party discipline is generally held firm in the Chamber of the House of Commons. The governing party expects that its members will vote to pass the legislation on its agenda and the opposition parties generally present an organized challenge to the Government's proposals.

The Work   27

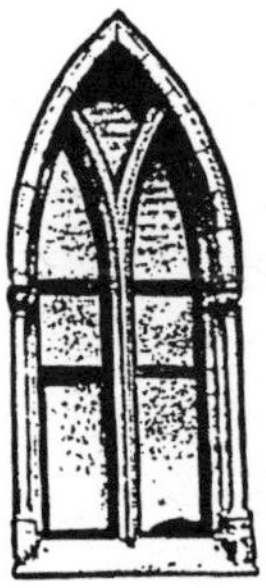

Inside Canada's Parliament

Window on the Caucus

Every Wednesday morning when Parliament is in session, Senators and Members of the House of Commons meet together in private in their respective national party caucuses. Here, they make the views of their constituents known, set parliamentary strategy and decide party policy. It is also here — away from television cameras, reporters and partisan opponents — that Members can relax "the party line", disagreeing with their colleagues and questioning their actions. In addition, Members often work with regional caucuses, and can access the services of their party research offices.

(The word "caucus" is thought to come from the Algonquin Native term, cau'-cau-as'-u, meaning "advisor".)

In the Senate: Before they become law, all bills must be approved by the Senate, where they pass through a process similar to that of the House of Commons. The Senate enjoys a more flexible timetable and less rigid rules about party discipline than the House of Commons. Senators can engage in lengthy and free-ranging debate, using their considerable expertise and diverse backgrounds in a detailed assessment of a bill and often making substantive or clarifying amendments to the proposed legislation. Bills — other than those involving money — can also be initiated in the Senate. While the Senate has the authority to reject legislation of the House of Commons, this power is seldom used.

Behind the scenes: The administrations of both the Senate and House of Commons provide comprehensive services to support the legislative process. Procedural and legal specialists research and review draft legislation. As well, specialists at the Library of Parliament provide research and advice on policy aspects of legislation, as well as analysis and background information on government bills. Administrative personnel explore and implement initiatives designed to reduce paper and increase efficiency — including distribution of committee notices and documents by electronic mail, data links between the two Chambers and the translation bureau, digital audio recording in Chamber and in committee, and electronic distribution of documents. Security officers in the Senate and the House of Commons ensure the safety of parliamentarians, their staff and visitors, access current employee and visitor data at their posts, and issue temporary passes for employees and business visitors.

Inside Canada's Parliament

They investigate ...

An essential element of parliamentarians' work is the study and examination of issues, policies and programs. Much of this investigative work is done in committee, a forum which allows Senators and Members of the House of Commons to study issues in considerably more depth than is possible in either Chamber.

In the Senate: In addition to their work on legislation in committees, Senators undertake a broad range of investigative work. Senators possess diverse backgrounds and interests — scan the ranks of the Senate and you will see business people, lawyers, teachers, surgeons, Aboriginal leaders and journalists, as well as experts in a range of areas, such as the environment, manufacturing, economics and, of course, politics. The longer tenure of Senators (up to age 75) allows them to build up significant expertise in their areas of investigative interest.

Individual Senators can raise an issue in the Senate for debate — a process that sometimes leads to an "Order of Reference" or even establishment of a Senate committee. In this way, Senators can undertake studies of major social and economic issues that may not be a part of the Government's legislative agenda. Overall, Senate committees tend to be less partisan than Commons committees and allow more time for exhaustive analysis of important issues.

In the House of Commons: As part of their committee work, Members hear individuals and groups daily who have views about the legislative proposals and policies of the Government. Approximately four-fifths of all House of Commons committee studies are self-initiated and, unlike Senate committees, do not require an official "Order of Reference" before they are undertaken. Through briefs, letters and appearances at hearings, committees give members of the public and experts an opportunity to provide their input into governance. Opposition committee members use this forum to ask specific questions to Ministers and senior public servants about the management of departments and Crown corporations. Lobby groups attend committee sessions to present their constituents' views and establish contact with the country's decision-makers.

Behind the scenes: Library staff respond to about 100,000 queries each year and support the work carried out in committees, through issue briefings, background analysis, proposals for studies and report drafting, along with more conventional information products. The Senate and House of Commons administration provide a range of services — giving procedural research and advice to committee Chairs and members; coordinating stakeholder submissions and appearance of witnesses; preparing agendas, minutes and reports; distributing documents reviewed or produced by committees; drafting amendments to bills and recording and transcribing proceedings.

Inside Canada's Parliament

They oversee ...

In a parliamentary system of government, Cabinet's authority to govern is balanced by its accountability to the legislature. One of the major roles of parliamentarians is to protect the public interest by carefully scrutinizing government activity. Close monitoring by the Opposition ensures that important issues are raised and made public. Review of government legislation is one example of parliamentarians' surveillance role.

In the House of Commons: The best known form of surveillance is Question Period, which is often the focus of strong media interest. On any given day, Ministers must be ready to set out and defend their positions on a wide range of issues, from child poverty to taxation policy, from a crisis in a northern community to an international trade dispute. Question Period gives the Opposition opportunities to challenge the Government's actions and Cabinet Ministers the chance to defend them.

During the budget debate, four days are set aside in the House of Commons for discussion of the Government's taxation and general financial policy. Members of the House of Commons also play an important surveillance role in the post-audit stage of government spending, by calling attention to any examples of waste and inefficiency revealed in the Auditor General's reports to the House of Commons. Another special debate — one not confined to budgetary matters — takes place following the Speech from the Throne, in which the Government outlines its major legislative initiatives for the upcoming session of Parliament.

In the Senate: As the House of "sober, second thought", the Senate fulfills an important "watchdog" role in Parliament, carefully scrutinizing the Government's policy and legislation. In some cases, the existence of the Senate may act as a check on the Government initiatives which may not withstand close Senate examination. During Question Period, Senators seek information from the Leader of the Government in the Senate about government actions and policies.

Behind the scenes: A whole range of administrative services ensure the smooth functioning of parliamentarians' work. Staff prepare and distribute information on the agenda, status and minutes of both Senate and House of Commons business. In addition to recording debates and decisions, and providing procedural support to officers in each Chamber, administration personnel oversee the televising and transcription of proceedings and ensure that appropriate security measures are applied. Library staff produce compilations, offer electronic news monitoring service, recent articles and in-depth studies on issues relevant to the work of parliamentarians.

Continuing Traditions
IV

GARRISON SQUARE

Inside Canada's Parliament

*T*he ideals and activities of Canada's Parliament have deep roots in history and tradition. This heritage provides an invisible structure that guides the work of parliamentarians and gives them the ability to address issues of substance, to discuss and debate in a vigorous yet orderly fashion, and develop and adapt laws that keep pace with the needs of Canadians. Many of Canada's parliamentary traditions are based on the parliamentary precedents inherited from Great Britain. For example:

➤ At the beginning of a new Parliament, the Commons' Speaker enters the Senate Chamber and requests confirmation of the rights and privileges of the House of Commons on the Members' behalf. In Canada, these rights and privileges are confirmed in the *Constitution Act, 1867*. This tradition began in England in 1397 and was common practice by the 16th century when opposition by the Commons to the Crown was a potentially dangerous business.

➤ The Queen, or her designate, takes her place in the Senate Chamber but refrains from entering the House of Commons — a British tradition rooted in the Commons' response to an outrage committed by Charles I.

➤ As a symbolic protection of the power of the Speaker of the House of Commons, the Sergeant-at-Arms leads the Speaker's Parade carrying the Mace to open the day's sitting. The Mace represents the authority given by the King or Queen to the House of Commons to meet and decide on the laws of the country. The House of Commons cannot hold proceedings without the Mace. When the House is sitting and the Speaker is in the Chair, the Mace lies in brackets on the Clerk's Table with the crown pointing to the Government, on the Speaker's right. In the Senate, the Mace bearer places the Mace on the Clerk's Table with the crown facing the Throne.

➤ The Usher of the Black Rod knocks on the Chamber's centre door to command the members of the House of Commons to the Senate for ceremonies such as the Opening of Parliament, the Speech from the Throne and Royal Assent.

➤ Tax or supply bills are tied with a green ribbon (symbolizing the House of Commons) to differentiate them from other bills, which are bound with a red ribbon.

Continuing Traditions   33

Inside Canada's Parliament

Keeping Traditions Up-to-Date

Much of the modernization of Parliament ensures that the system continues to fulfill its role in the face of a changing economic, social, technological and cultural climate. From modernizing its buildings, to redefining how the Speaker of the House of Commons is chosen — Parliament's traditions are constantly being adapted to keep the parliamentary system alive, vital and responsive to the evolution of society. Here are some of Parliament's "modern traditions":

➤ Simultaneous interpretation services are provided in the Senate and the House of Commons, giving parliamentarians and members of the public immediate access to proceedings in either English or French.

➤ Since October 17, 1977, the House of Commons has been televised live, making Canada the first country to broadcast the complete proceedings of its national legislature. A 1994 agreement with CPAC (Cable Public Affairs Channel) provides for the satellite distribution of all parliamentary proceedings. Senate committees are now televised regularly on CPAC as well.

➤ In 1994, a 20-year project was initiated to renovate the Parliament Buildings. The comprehensive program is designed to preserve the heritage buildings for future generations, incorporate new technologies, increase public access to Parliament, ensure the health and safety of users and provide quality space to meet requirements for the 21st century.

➤ In 1995, the Speakers of the Senate and the House of Commons officially launched the *Parliamentary Internet*, an award-winning World Wide Web site offering Canadians and the world information on the institutions of Parliament and their history, debates and committee evidence, and other parliamentary publications.

➤ *Hansard*, the written record of parliamentary debates in the Senate and the House of Commons, is published overnight in both English and French and available on the Internet through the *Parliamentary Internet* site at http://www.parl.gc.ca.

➤ Video teleconferencing of committee meetings has been on the rise since 1994, allowing parliamentarians to receive the testimony of witnesses from across the country or around the world — rapidly and conveniently, saving travel costs.

➤ Since the mid-1980s, key reforms have been made to the operations of the House of Commons, including:

• giving committees an expanded mandate and greater independence

• expanding the role of private members of the House of Commons

• electing the Speaker of the House of Commons by secret ballot

Canada's Parliament continues to meet the changing needs of Canadians and parliamentarians. In a democratic system, there is a spirit of openness about how Parliament works, and the tools and information available to parliamentarians will likely become increasingly sophisticated — promoting greater efficiency, effectiveness and responsiveness among parliamentarians and the organizations supporting their work.

In the words of the Honourable Eugene Forsey, 1904-1991:

"… government is our creature. We make it, we are ultimately responsible for it, and, taking the broad view, in Canada we have considerable reason to be proud of it. Pride, however, like patriotism, can never be a static thing; there are always new problems posing new challenges. The closer we are to government, and the more we know about it, the more we can do to help meet these challenges." (*How Canadians Govern Themselves*, 4th Edition, 1997)

Inside Canada's Parliament

Images

Stephen Fenn
Page 22 — The House of Commons (37th Parliament)

W.J.L. Gibbons
Page 16 — Library of Parliament

Roy Grogan
Page 12 — Main entrance (The Senate)

Tom Littlemore
Page 3 — Peace Tower (Centre Block - Parliament Buildings)
Page 4 — East and Centre Blocks seen from the Rideau Canal (Parliament Buildings)
Page 6 — Parliament Buildings viewed from the Ottawa River

McElligott Photography Ltd.
Page 12 — Mace (The Senate)
Page 13 — Main entrance (The House of Commons)

© Malak Photographs
Page 10 — Statue of Queen Victoria (Library of Parliament)
Page 22 — The Senate (37th Parliament)

Mone's Photography
Page 9 — Confederation Hall (Centre Block entrance)
Page 16 — Statue of Queen Victoria (Library of Parliament)
Page 21 — Canadian Nurses' Memorial Sculpture (Hall of Honour - Centre Block)

National Archives of Canada
Page 17 — Vestibule, after 1880 (The House of Commons)

Lithography by Charles Shober & Co., Chicago, 1876
Pages 31, 32 — Parliament Hill and surroundings

Len Staples
Cover — Centre Block (Parliament Buildings)

Photographer (unknown)
Page 13 — Mace (The House of Commons)

For more information about Canada's Parliament, please contact:

Information Service
Information and Documentation Branch
Library of Parliament
Parliament Hill
Ottawa, Ontario K1A 0A9

Telephone:
  Toll-free   1-866-599-4999
  National Capital Region   (613) 992-4793

Internet: http://www.parl.gc.ca

Le Parlement du Canada vu de l'intérieur

Images

Archives nationales du Canada
Page 17 — Vestibule de la Chambre des communes après 1880

Stephen Fenn
Page 22 — La Chambre des communes (37ᵉ Législature)

W.J.L. Gibbons
Page 16 — Bibliothèque du Parlement

Roy Grogan
Page 12 — Entrée principale du Sénat

Tom Littlemore
Page 3 — Tour de la Paix (édifice du Centre - édifices du Parliament)
Page 4 — Édifices de l'Est et du Centre vus du canal Rideau (édifices du Parlement)
Page 6 — Les édifices du Parlement vus de la rivière des Outaouais

McElligott Photography Ltd.
Page 12 — La masse du Sénat
Page 13 — Entrée principale de la Chambre des communes

© Malak Photographs
Page 10 — Statue de la reine Victoria (Bibliothèque du Parlement)
Page 22 — Le Sénat (37ᵉ Législature)

Mone's Photography
Page 9 — Hall de la Confédération (entrée - édifice du Centre)
Page 16 — Statue de la reine Victoria (Bibliothèque du Parlement)
Page 21 — Monument commémoratif aux infirmières canadiennes (Hall d'honneur - édifice du Centre)

Lithographie de Charles Shober & Co., Chicago, 1876
Pages 31, 32 — Colline du Parlement et environs

Len Staples
Couverture — Édifice du Centre (édifices du Parlement)

Photographe inconnu
Page 13 — La masse de la Chambre des communes

Pour obtenir d'autres renseignements sur le Parlement du Canada, prière de s'adresser au :

Service de renseignements
Direction de l'information et de la documentation
Bibliothèque du Parlement
Colline du Parlement
Ottawa (Ontario) K1A 0A9

Téléphone :
  Appel sans frais   1-866-599-4999
  Région de la capitale nationale   (613) 992-4793
Internet :   http://www.parl.gc.ca

Le Parlement canadien continue d'évoluer, en fonction des besoins changeants de la population et des parlementaires. Dans une démocratie, il y a une volonté de transparence face au fonctionnement du Parlement, et les outils et l'information mis à la disposition des parlementaires continueront sans doute de se perfectionner, favorisant l'efficacité, la réceptivité et le dynamisme des parlementaires, ainsi que des structures qui les appuient dans leur travail.

Comme l'écrivait l'honorable Eugene Forsey (1904-1991) :

« … Le gouvernement est la créature des citoyens. Ce sont eux qui le font. Ils en sont responsables et, chez nous, ils en sont généralement fiers, à juste titre. La fierté, toutefois, à l'instar du patriotisme, n'est jamais statique : sans cesse de nouveaux problèmes engendrent de nouveaux défis. Plus on est proche du gouvernement et au fait de ses rouages, plus on peut contribuer à relever ces défis. » (*Les Canadiens et leur système de gouvernement*, 4ᵉ édition, 1997.)

Moderniser les traditions

Essentiellement, la modernisation du Parlement permet au système de continuer à remplir son rôle dans un climat économique, social, culturel et technologique en évolution. Moderniser les édifices ou redéfinir le mode de sélection du président de la Chambre sont deux exemples de cette adaptation continue des traditions du Parlement visant à faire en sorte que le régime parlementaire reste vivant, dynamique et en harmonie avec l'évolution de la société. Voici quelques exemples des « traditions modernes » du Parlement :

- Des services d'interprétation simultanée sont assurés au Sénat et à la Chambre des communes, ce qui permet aux parlementaires et au public de suivre les délibérations en français ou en anglais.

- Depuis le 17 octobre 1977, les travaux de la Chambre des communes sont télévisés en direct; le Canada a été le premier pays à diffuser intégralement les délibérations de son assemblée législative nationale. Un accord de 1994 avec la Chaîne d'affaires publiques par câble (CPAC) permet la transmission par satellite de toutes les délibérations parlementaires. Les travaux des comités du Sénat sont maintenant fréquemment télévisés par CPAC également.

- En 1994, un projet de rénovation des édifices du Parlement a été lancé. Ce vaste programme de 20 ans a pour but de préserver ces édifices patrimoniaux pour les générations futures, d'y intégrer de nouvelles technologies, de faciliter l'accès du public au Parlement, d'assurer la santé et la sécurité de ceux qui y travaillent et d'améliorer la qualité des locaux pour répondre aux besoins du XXIe siècle.

- En 1995, les présidents du Sénat et de la Chambre des communes ont officiellement lancé l'*Internet parlementaire*. Ce site Web, qui a déjà été primé, propose à la population du Canada et du monde entier de l'information sur les institutions parlementaires et leur histoire, les débats, les délibérations des comités et d'autres publications parlementaires.

- Le *hansard*, compte rendu écrit des délibérations du Sénat et de la Chambre des communes, paraît le lendemain en français et en anglais. Il est disponible dans l'*Internet parlementaire* à l'adresse http://www.parl.gc.ca.

- Les vidéoconférences des séances de comité se font plus nombreuses depuis 1994, ce qui permet aux parlementaires de recueillir des témoignages de partout au Canada, ou d'ailleurs dans le monde, rapidement, facilement, et sans frais de déplacement.

- Depuis le milieu des années 80, d'importantes réformes ont été apportées au fonctionnement de la Chambre des communes :
  - les comités ont un mandat plus large ainsi que plus d'indépendance,
  - les députés ont un rôle accru à la Chambre des communes,
  - le président de la Chambre est élu par scrutin secret.

Le Parlement du Canada vu de l'intérieur

Les idéaux et les travaux du Parlement du Canada sont profondément enracinés dans notre histoire et nos traditions. Cet héritage est la structure invisible qui guide le travail des parlementaires et leur donne la capacité d'examiner les grands enjeux de l'heure, d'en discuter de façon vigoureuse et ordonnée et d'élaborer et d'adapter des lois à l'évolution des besoins de la population. Pour une large part, les traditions parlementaires canadiennes s'inspirent des usages parlementaires hérités de Grande-Bretagne. En voici quelques exemples :

➤ Au début de chaque nouvelle législature, le président des Communes se présente au Sénat et demande la confirmation des droits et privilèges des Communes au nom des députés. Au Canada, ces droits et privilèges sont inscrits dans la *Loi constitutionnelle de 1867*. En Angleterre, cette tradition, qui remonte à 1397, était pratique courante au XVIe siècle, à une époque où il pouvait être dangereux pour les Communes de s'opposer à la Couronne.

➤ La reine ou la personne qu'elle désigne a sa place dans la salle des séances du Sénat, mais elle s'abstient d'entrer aux Communes — tradition britannique qui remonte à une décision des Communes suite à un outrage commis par Charles Ier.

➤ Protecteur symbolique du pouvoir de la Chambre des communes, le sergent d'armes prend la tête du défilé du président en portant la masse à l'ouverture de la séance quotidienne. La masse représente l'autorité conférée à la Chambre par le Roi ou la Reine de se réunir et de légiférer. Les Communes ne peuvent pas délibérer en l'absence de la masse. Lorsque la Chambre siège et que le président occupe le fauteuil, la masse repose sur un support sur la table du greffier, la couronne pointant en direction du gouvernement, à la droite du président. Au Sénat, la masse est placée par le porteur sur la table du greffier, la couronne pointant vers le trône.

➤ L'huissier du bâton noir frappe à la porte centrale de la Chambre pour convoquer les députés au Sénat pour des cérémonies comme l'ouverture de la législature, le discours du Trône ou la sanction royale.

➤ Les projets de loi d'imposition ou de crédits sont entourés d'un ruban vert (symbole de la Chambre des communes) pour les différencier des autres projets de loi, qui portent un ruban rouge.

CAMBRIAN SQUARE

Le maintien des traditions

Le Parlement du Canada vu de l'intérieur

Ils surveillent ...

Dans un régime parlementaire, le pouvoir de gouverner du Cabinet est contrebalancé par sa responsabilité devant l'assemblée législative. Un des rôles clés des parlementaires est de protéger l'intérêt public en examinant à la loupe l'activité du gouvernement. Par cette étroite surveillance, l'opposition fait en sorte que les questions importantes sont soulevées et portées à l'attention du public. L'examen de la législation du gouvernement est un exemple du rôle de surveillance des parlementaires.

À la Chambre des communes : La forme de surveillance la plus connue est la période des questions, qui retient souvent l'attention des médias. Quotidiennement, les ministres doivent être prêts à exposer et défendre leurs positions sur une multitude de sujets, allant de la pauvreté chez les enfants à la politique fiscale, d'une crise dans une localité du Nord à un différend commercial international. La période des questions donne à l'opposition l'occasion de remettre en question les actions du gouvernement et aux ministres la possibilité de les défendre.

Pour le débat sur le budget, quatre jours sont réservés pour discuter de la politique fiscale et de la politique financière du gouvernement. Les députés jouent aussi un important rôle de surveillance — après la vérification des dépenses du gouvernement — en mettant en lumière les cas de gaspillage et d'inefficacité révélés dans les rapports du vérificateur général. Un autre débat spécial — qui n'est pas limité aux questions budgétaires — suit le discours du Trône, dans lequel le gouvernement annonce ses grandes initiatives législatives au cours de la session qui s'ouvre.

Au Sénat : À titre de « Chambre de réflexion », le Sénat joue un important rôle de « surveillant » au Parlement. Il passe au peigne fin la politique et la législation du gouvernement. Dans certains cas, la seule existence de cette Chambre peut dissuader le gouvernement de lancer des initiatives qui pourraient ne pas résister à l'examen du Sénat. Au cours de la période des questions, les sénateurs interrogent le leader du gouvernement au Sénat sur les mesures et les politiques du gouvernement.

Dans l'ombre : Un large éventail de services administratifs permet aux parlementaires de remplir efficacement leurs fonctions. Le personnel prépare et distribue de l'information sur l'ordre du jour, l'état des travaux et les procès-verbaux du Sénat et des Communes. Il consigne les débats et les décisions et assure un soutien en procédure aux haut fonctionnaires de chaque Chambre, surveille la télédiffusion et la transcription des délibérations et veille à ce que des mesures de sécurité appropriées soient appliquées. Le personnel de la Bibliothèque produit des compilations et offre un service de dépouillement électronique des médias, d'articles récents et d'études portant sur des questions liées aux travaux des parlementaires.

Le Parlement du Canada vu de l'intérieur

Ils font enquête ...

Un élément essentiel du travail des parlementaires est l'étude des problèmes, des politiques et des programmes. Une grande partie de ce travail se fait en comité, où les sénateurs et les députés peuvent faire un examen beaucoup plus approfondi qu'en séance au Sénat ou aux Communes.

Au Sénat : Outre leur travail au sein des comités législatifs, les sénateurs mènent de vastes travaux de recherche et d'enquête. Les sénateurs ont des antécédents et des intérêts aussi divers, on ne s'étonne pas de voir dans leurs rangs des gens d'affaires, des juristes, des enseignants, des chirurgiens, des dirigeants autochtones, des journalistes, ainsi que des spécialistes de questions comme l'environnement, l'industrie manufacturière, l'économie et, bien entendu, la politique. Le long mandat des sénateurs (jusqu'à 75 ans) leur permet d'acquérir de solides compétences dans les domaines qui les intéressent.

Tout sénateur peut soulever une question et en proposer le débat — ce qui peut aboutir parfois à un « ordre de renvoi » ou même à la création d'un comité sénatorial. Les sénateurs peuvent ainsi entreprendre des études sur des enjeux sociaux et économiques, qui ne sont peut-être pas prévus dans le programme législatif du gouvernement. Dans l'ensemble, les comités du Sénat sont plus affranchis de la ligne partisane que ceux des Communes et s'efforcent d'accorder plus de temps à l'étude exhaustive d'enjeux importants.

À la Chambre des communes : Dans leur travail en comité, les députés entendent des individus et des groupes donner leur avis sur les mesures législatives et les politiques du gouvernement. Environ les quatre cinquièmes des études des comités des Communes sont entreprises à leur propre initiative; à la différence des comités sénatoriaux, ils n'ont pas besoin d'un « ordre de renvoi » officiel pour le faire. Les comités donnent au public et à des spécialistes l'occasion de s'exprimer sur les affaires du gouvernement — par des mémoires, des lettres ou des témoignages. Les députés de l'opposition membres des comités se servent de cette tribune pour interroger les ministres et les hauts fonctionnaires sur la gestion des ministères et des sociétés d'État. Des groupes de pression assistent aux séances des comités pour exposer les vues de leurs clients et établir des contacts avec les décideurs.

Dans l'ombre : Le personnel de la Bibliothèque répond à quelque 100 000 demandes de renseignements chaque année, et apporte son soutien aux travaux des comités, par des notes documentaires, analyses de contexte, propositions d'études, projets de rapports, en plus des documents d'information classiques. L'administration du Sénat et celle des Communes offrent de nombreux services : recherches et avis en matière de procédure pour les présidents et les membres des comités; coordination des mémoires et de la comparution de témoins; préparation d'ordres du jour, de procès-verbaux et de rapports; distribution de documents revus ou produits par les comités; rédaction d'amendements aux projets de loi, enregistrement et transcription des délibérations.

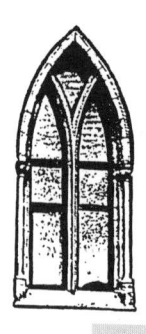

Coup d'œil sur le caucus

Le mercredi matin, lorsque le Parlement siège, les sénateurs et les députés se rencontrent à huis clos au sein du caucus national de leur parti. Ils y font connaître les vues de leurs électeurs, établissent la stratégie parlementaire et définissent la politique du parti. C'est également là, loin des caméras, des journalistes et d'une opposition partisane, que les parlementaires peuvent s'écarter de la « ligne du parti », se dissocier de leurs collègues ou contester leurs actions. C'est aussi l'occasion pour eux de travailler avec le caucus régional du parti, et de profiter des services du bureau de recherche du parti.

(Le mot « caucus » viendrait de l'algonquin cau'-cau-as'u, qui veut dire « conseiller ».)

Au Sénat : Avant de devenir lois, tous les projets de loi doivent être étudiés au Sénat, où ils suivent une procédure semblable à celle des Communes. Le Sénat se distingue par un échéancier plus souple et des règles moins rigides que les Communes quant à la « ligne de parti ». Les sénateurs peuvent engager de longs débats, menés librement, en mettant à profit leurs vastes compétences et antécédents pour examiner à fond le projet de loi, et y apportent souvent des amendements de fond ou de clarification. À l'exception des mesures financières, le Sénat peut aussi présenter des projets de loi. Et bien qu'il ait le pouvoir de rejeter les projets de loi des Communes, il l'utilise rarement.

Dans l'ombre : Les administrations du Sénat et des Communes assurent toute une gamme de services à l'appui du processus législatif. Les légistes et spécialistes de la procédure examinent et révisent les avant-projets de loi. Et des spécialistes de la Bibliothèque du Parlement font des recherches et donnent des conseils sur les aspects politiques des mesures législatives, en plus de rédiger des analyses et des documents d'information sur les projets de loi du gouvernement. Le personnel administratif s'emploie à trouver des moyens de réduire l'utilisation du papier et d'accroître l'efficacité — par la distribution des avis et documents des comités par courrier électronique, l'établissement de liaisons électroniques entre les deux Chambres et le Bureau de la traduction, l'enregistrement audionumérique à la Chambre et en comité, et la diffusion électronique des documents. Les agents de sécurité du Sénat et des Communes assurent la sécurité des parlementaires et de leur personnel, ainsi que de leurs visiteurs; à partir de leur poste, ils peuvent consulter les données sur les employés et les visiteurs, à qui ils remettent au besoin des laissez-passer temporaires.

Le Parlement du Canada vu de l'intérieur

Ils légifèrent ...

Par un examen détaillé des mesures législatives, les sénateurs et les députés apportent leurs idées et leur énergie à l'élaboration des lois du Canada. De fait, la majeure partie des débats en séance et des travaux des comités portent sur des initiatives législatives. Forts des vues de leurs électeurs ou d'autres intéressés, des recherches approfondies qu'ils mènent, des consultations avec leur caucus, et de leurs propres convictions, les parlementaires participent à un processus continu d'écoute, de débat et de révision de la législation du gouvernement, ainsi que des mesures législatives spécifiques dont ils sont saisis. Comme le montre l'encadré latéral intitulé « Comment un projet de loi devient loi » (p. 26), chaque projet de loi doit être adopté dans les mêmes termes à la fois par le Sénat et les Communes, avant de recevoir la sanction royale et devenir loi.

Le pouvoir de l'argent

Chaque année, le ministre des Finances livre un exposé dans lequel il précise les intentions budgétaires du gouvernement. Cet « exposé budgétaire » énonce les grands plans et projets du gouvernement pour l'année à venir, précisant les sommes nécessaires pour financer ces activités et les moyens pour en assurer le financement. Pour percevoir les sommes necéssaires, le ministre des Finances présente des « motions de voies et moyens », pour obtenir l'autorisation de présenter un projet de loi d'imposition. L'expression « travaux de crédits » désigne le processus qui consiste à estimer les dépenses, à examiner et débattre les prévisions et à autoriser les dépenses. L'ensemble des dépenses proposées par le gouvernement (le Budget principal des dépenses) est examiné en comité et débattu à la Chambre des communes et au Sénat. Un projet de loi correspondant aux prévisions budgétaires — le projet de loi portant affectation de crédits — est toujours étudié d'abord à la Chambre des communes, puis au Sénat, avant de recevoir la sanction royale. Le Règlement prévoit aussi d'autres occasions pour discuter et débattre de questions relatives aux dépenses.

À la Chambre des communes : De façon générale, le gouvernement a la maîtrise du programme législatif, sauf les jours réservés à l'opposition, le Cabinet étant chargé d'approuver les propositions législatives avant leur dépôt aux Communes. Les spécialistes du ministère de la Justice se chargent de la rédaction du projet de loi, d'après les instructions reçues. Le projet de loi est ensuite soumis à l'ensemble des Communes et au comité compétent, qui l'examinent et en débattent. La discipline de parti est généralement appliquée fermement aux Communes. Le parti ministériel s'attend à ce que ses membres appuient les mesures qu'il présente, tandis que les partis d'opposition s'entendent habituellement pour attaquer les propositions du gouvernement.

« Comment un projet de loi devient loi »

Le processus législatif en bref

1. Adoption par la première Chambre (parfois le Sénat, d'habitude la Chambre des communes)

Le processus dans chaque Chambre est assez semblable :

➤ Première lecture (le projet de loi est reçu, imprimé et diffusé)

➤ Deuxième lecture (débat sur le principe du projet de loi : est-ce une bonne mesure?)

➤ Étape du comité

   Première étape : Ministres, fonctionnaires, spécialistes et membres du public témoignent devant le comité*

   Deuxième étape : Les membres du comité font l'étude détaillée du projet de loi

   Troisième étape : Le comité adopte un rapport sur le projet de loi, recommandant qu'il soit adopté tel quel ou avec des amendements, ou encore qu'il n'y soit pas donné suite

➤ Étape du rapport (à la Chambre des communes, les motions tendant à amender des dispositions du projet de loi sont étudiées par l'ensemble de la Chambre, alors qu'au Sénat c'est le rapport du comité qui est étudié, auquel des amendements peuvent être proposés)

➤ Troisième lecture (adoption définitive du projet de loi; au Sénat, d'autres amendements peuvent être proposés à cette étape)

2. Adoption par la seconde Chambre

3. Sanction royale par la gouverneure générale : le projet de loi devient loi

* NOTA : Normalement, le projet de loi est renvoyé au comité après la deuxième lecture, mais une réforme récente permet d'en saisir le comité avant l'adoption en deuxième lecture.

Le Parlement du Canada vu de l'intérieur

Dans l'ombre : En plus de fournir un appui sur le plan financier et administratif, le personnel de l'administration fait en sorte que les parlementaires communiquent efficacement, tant dans l'enceinte parlementaire qu'avec leurs bureaux de circonscription ou les divers groupes d'intérêts. Le personnel recherche et applique des solutions technologiques, comme Internet et le courrier électronique, et assure la formation des usagers pour qu'ils puissent se servir des nouveaux systèmes. Le personnel a mis en place des moyens de contrôle qui aident les parlementaires à suivre l'utilisation de leurs budgets et à repérer des occasions d'économies, par exemple dans les frais de déplacement ou la gestion du matériel.

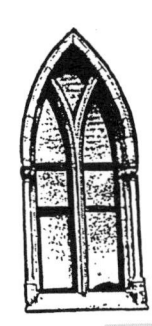

Coup d'œil sur le bureau de circonscription

Lorsqu'ils n'assistent pas aux séances de la Chambre ou des comités, les députés doivent trouver le temps de faire leur travail de circonscription. Si chaque circonscription a son caractère propre, et chaque député, son style et sa vision des choses, les tâches sur le terrain sont nombreuses : participer à des activités et des cérémonies, garder le contact avec les personnalités locales et les journalistes, rencontrer leurs électeurs ou d'autres personnes, faire des démarches pour les électeurs, veiller à ce que l'information se rende dans la circonscription, et ainsi de suite.

À l'œuvre

Les rôles clés au Parlement

Le **président du Sénat** est nommé sur la recommandation du premier ministre pour présider les débats du Sénat, veiller au déroulement ordonné des travaux et rendre des décisions sur toute question de procédure, qui peuvent faire l'objet d'un appel devant l'ensemble du Sénat. Le fauteuil du président est installé sur une plate-forme surélevée, devant les deux trônes réservés à la Souveraine ou à la gouverneure générale et son conjoint.

Le **président de la Chambre des communes** est élu par ses pairs, au scrutin secret, pour agir comme porte-parole des Communes. Il préside les travaux de la Chambre et il veille au respect de toutes les règles et procédures. Comme il s'agit d'un poste non partisan, le président prend part au débat et au vote seulement pour rompre l'égalité. Ses décisions sont sans appel, et ne peuvent être contestées. En tant que président du Bureau de régie interne, il supervise l'administration de la Chambre des communes.

Le **greffier du Sénat et greffier des Parlements**, nommé par le gouverneur en conseil, est le dirigeant principal du Sénat et le grand responsable de ses activités quotidiennes. En séance, il est responsable de divers aspects du processus législatif, comme l'assermentation des nouveaux sénateurs, ou encore de donner des avis au président sur la procédure parlementaire ou l'interprétation du Règlement. Comme greffier des Parlements, il a la garde de l'original de toutes les lois et il en authentifie les copies conformes.

Le **greffier de la Chambre des communes**, nommé par le gouverneur en conseil à titre de dirigeant principal de la Chambre, joue le rôle de secrétaire du Bureau de régie interne. Il conseille le président et les députés en matière de procédure et d'usages parlementaires et tient le compte rendu officiel des délibérations.

L'**huissier du bâton noir** fait fonction de messager royal, convoquant la Chambre des communes à venir entendre le discours du Trône, lequel inaugure une nouvelle législature ou session, ou à venir assister à la cérémonie de sanction royale, dernière étape pour qu'un projet de loi devienne loi. Le titre du poste vient du bâton d'ébène que porte l'huissier — c'est le symbole de sa charge — et qui lui sert pour frapper aux portes, notamment à celles de la Chambre des communes.

Le **sergent d'armes** est chargé de la sécurité à la Chambre des communes, conformément aux directives du président. Il porte la masse, symbole de l'autorité de la Chambre, lors du défilé quotidien du président à la Chambre, ou lorsqu'il doit se rendre au Sénat.

Le Parlement du Canada vu de l'intérieur

Les parlementaires, qu'ils soient sénateurs ou députés, ont de nombreux rôles à remplir. Non seulement ils représentent les électeurs et servent loyalement leur parti, mais ils sont médiateurs, législateurs, et ils surveillent les actes du gouvernement et de l'administration.

La journée normale d'un parlementaire pourrait se résumer ainsi : rencontrer des journalistes, le public, des collègues; trouver le temps de répondre à une foule de lettres et d'appels; préparer ses interventions à la Chambre; examiner des documents pour les travaux des comités. Le parlementaire est appelé à emprunter le circuit habituel, qui va du Sénat ou de la Chambre des communes aux salles de caucus et de comité en passant par son bureau du Parlement ou de circonscription. Pour la plupart, ce sont de longues heures de travail.

Une des « constantes » du travail de parlementaire, que ce soit au Sénat ou à la Chambre, en caucus ou en comité, est l'étude et la discussion rigoureuse des questions dont ils sont saisis. C'est là une garantie certaine que les grands enjeux feront l'objet d'un examen approfondi et qu'ils seront portés à l'attention du public.

Ils représentent ...

Les parlementaires mettent en application le principe du gouvernement représentatif en écoutant les opinions de leurs concitoyens, en se faisant leurs intermédiaires, ainsi qu'en défendant des positions et en lançant des initiatives. La plupart des parlementaires appartiennent à un parti, de sorte qu'ils doivent en appuyer les politiques et participer à ses activités.

Au Sénat : Représentants nommés, les sénateurs exercent leurs fonctions dans leur division sénatoriale d'une autre manière que les députés dans leur circonscription. Aux termes de la loi, ils doivent résider dans la province ou le territoire d'où ils sont nommés. Il est présumé qu'ils s'intéresseront aux incidences régionales des mesures législatives et des politiques. Certains se donnent aussi des clientèles non officielles, accordant leur attention à des groupes ou à des régions dont les droits et les intérêts sont souvent négligés. Les jeunes, les pauvres, les aînés, les anciens combattants, voilà autant de groupes qui ont profité de la tribune publique que constituent les travaux du Sénat.

À la Chambre des communes : À titre de représentants élus, il est entendu que les députés veilleront à défendre les intérêts de leurs électeurs dans l'accomplissement de leur mandat. Ils jouent aussi un rôle de médiateurs — ils répondent aux lettres et aux appels des électeurs, qui ont des préoccupations à porter à l'attention de ministères ou d'organismes gouvernementaux. Cela peut être plutôt vaste, et porter sur des sujets comme l'assurance-emploi, des cas d'assistance sociale, des questions de pensions, des problèmes d'immigration, des enjeux liés à l'agriculture ou au commerce. Les députés assistent à une multitude de réceptions et de cérémonies officielles, tant dans leur circonscription qu'ailleurs au pays. Pour mieux répondre aux besoins de leurs électeurs, les députés ont un bureau à la fois dans leur circonscription et à Ottawa.

Le Sénat

La Chambre des communes